Wiebke Saathoff

Stallgeflüster

Die Wahrheit über Pferde
und ihre Menschen

Für Bruno und Fjala

Wiebke Saathoff
Stallgeflüster
Die Wahrheit über Pferde und ihre Menschen

Umschlaggestaltung und Illustrationen: Rainer Schmidt
Satz/Layout: Andreas Reiffer
Lektorat: Lektorat-Lupenrein.de

1. Auflage 2017
© Verlag Andreas Reiffer

Druck und Weiterverarbeitung: CPI books, Leck

ISBN 978-3-945715-72-7 (Print)
ISBN 978-3-945715-50-5 (Ebook)

Verlag Andreas Reiffer, Hauptstr. 16 b, D-38527 Meine
www.verlag-reiffer.de
www.facebook.com/verlagreiffer

Ja, ein Pferd macht den Tag länger, die Nacht kürzer, das Konto leerer, die Nerven blanker, Auto und Klamotten schmutziger. Aber es macht auch dein Herz größer, deinen Geist weiser, den Charakter stärker, deinen Horizont weiter, die Vergangenheit unwichtiger, die Zukunft hoffnungsvoller und dein Leben reicher.
Volksweisheit

Danke
    ... dass es Pferde gibt. Danke auch an meine Pferdefreunde, vor allem an Silke! Und vielen Dank für die schönen Fotos von Fjala und mir, Viola!

Anmerkung: Dieses Buch nutzt an einigen Stellen die weibliche Form, an anderen wiederum die männliche, was nicht heißt, dass das Geschriebene nicht auf Lebewesen des anderen Geschlechtes zutreffen könnte. An anderen Stellen jedoch ist die Zuordnung eindeutig. Hengste zum Beispiel können keine Fohlen bekommen. Hier sind Sie als Leserinnen und natürlich auch Leser gefragt, die richtigen Annahmen abzuleiten. Da ich sehr optimistisch bin, traue ich Ihnen das zu.

Verlag und Autorin danken der Uelzener Allgemeine Versicherungs-Gesellschaft a.G. und Pötzl-Medien (Wetzlar) für die schnelle und unkomplizierte Klärung und Genehmigung der Titelnutzung von »Stallgeflüster«.

Inhalt

Vorwort 5

Der Pferdemensch 7
Zwei angelegte Ohren sagen mehr als 1000 Worte 35
Schlammfarben mit einem Hauch von Glitzer 64
Pferd statt Schweinehund 80
Licence to reproduce 100
Mein Pferd ist nicht stur, es hat nur Charakter 118
Rentner mit vier Hufen 134

Quiz: Sind Sie ein Pferdekenner? 143

Pferdeglossar 146

Quellenangaben 157

Viten 158

Vorwort

Pferdemenschen sind komisch. Nein, werden Sie jetzt denken, ich bin doch nicht komisch, ich bin doch nicht die verrückte alte einsame Katzenfrau, die sinnloses Zeug vor sich hin brabbelt und gesellschaftlich nicht mehr integrierbar ist.

Stimmt, Sie sind keine Katzenfrau, Sie sind ein Pferdemensch. Sie erzählen Ihrem Lebensgefährten oder Ihren besten Freunden stundenlang, was Ankertulpe wieder für heldenhafte, witzige und total niedliche Sachen gemacht hat. »Tulpi hat prima den Rücken frei gemacht, ich konnte sie super sitzen. Was für ein tolles Gefühl, und die neue pinke Schabracke passt so gut zu den Bandagen, die ich ihr letztens gekauft habe, mein Gott, ich bin so froh, dass sie kein Fuchs ist, sonst könnte sie Pink gar nicht tragen! Zum Glück ist sie nicht mehr rossig, das war ja schon ganz niedlich, wie sie Weltenbummler immer hinterhergelaufen ist, so richtig verliebt, der wurde schon ganz kirre, weil sie ihm andauernd vor die Nase gepinkelt hat. Im Viereck hat sie ihm dann immer hinterhergeschrien, da war das mit der Konzentration eher schwierig, aber jetzt ist sie ja endlich wieder gut in Form!«

Und nun stellen Sie sich mal vor, Sie hätten nicht tagtäglich mit Pferden zu tun. Vermutlich würden Sie denken, ein Fuchs sei ein kleines puschiges Wildtier, eine Schabracke ein abwertendes Schimpfwort für eine Frau und eine Bandage eine stützende Hilfe zur Heilung von Sportverletzungen. Sie würden sich fragen, wieso der Reiter noch auf dem Pferd sitzt, nachdem dieses seinen Rücken frei gemacht hat, und wie es wohl ankommen würde, wenn Sie Pinkeln und Liebe in einem Satz erwähnen. Sie könnten anzweifeln, dass Pferde wirklich andere Pferde lieben und über die Bedeutung des Wortes »rossig«

nachdenken. Und warum heißt das Vieh überhaupt Ankertulpe? Was ist das für ein bescheuerter Name?

Sie könnten aber auch einfach das Fragen sein lassen, zuhören, nicken und abwarten, bis die Geschichten vom Pferd vorbei sind.

Eindruck würde es allerdings machen, wenn Sie sich Pferdewissen aneigneten. Dieses Buch ist eine hervorragende Quelle für wissenswerte und überflüssige Tatsachen rund um die Pferdewelt. Es bietet eine Grundlage, um in die Gefühlswelt eines pferdeaffinen Menschen einzutauchen. Außerdem können Sie nach dem Lesen munter mitdiskutieren, wann immer Menschen ihr Gesprächsthema auf Pferde lenken.

Egal ob Pferde Sie schon lange begleiten oder Sie vielleicht gerade erst auf dem Weg sind, sich von Pferden begeistern zu lassen: Reisen Sie mit mir in den Mittelpunkt der Pferdewelt und erfreuen Sie sich an der Vielfalt, der Widersprüchlichkeit und der Faszination der Welt rund um den vierhufigen Veganer *Equus caballus*.

Der Pferdemensch
Ein ulkiges Wesen

Pferdemädchen

Was lässt die Pferdewelt zu einer Traumwelt für viele junge Mädchen und einige kleine Jungs werden? Was ist so interessant an großen felligen Tieren, die sich körperlich nicht so sehr von einer Kuh unterscheiden, aber dennoch einen ganz anderen Status haben? Was lässt Kinder davon träumen, ihr Leben mit Pferden zu verbringen und alle anderen Träume hintanzustellen?

Fury, Black Beauty, Dr. Ed, Immenhof, Bibi und Tina, Wendy, Lissy und Conny haben garantiert ihren Teil dazu beigetragen. Wenn man jung ist, denkt man nicht darüber nach, dass Fury – ein unbezähmbarer schwarzer Hengst – in der Realität eher *in the slaughterhouse* landen würde (dieser Gedanke trug jedoch zur Namensfindung einer hannöverschen Band bei), sondern geht völlig auf in der unfassbar romantischen und kitschigen Geschichte der freundschaftlichen Verbindung eines Waisenjungen mit diesem verhaltensgestörten Pferd. Das Pferd als der Sidekick des Menschen, welches jedes Abenteuer gut ausgehen lässt, ist ein schöner Gedanke. Auch in anderen medialen Pferdeereignissen geht es um Abenteuer, Freundschaft, Liebe und den Kampf gegen böse, profitgeile Menschen. Immer gibt es ein Happy End, und Gut siegt über Böse. Das gnadenlose Alltagsleben verwehrt uns oft unsere wohlverdienten Happy Ends und zwingt uns damit zum Gestalten einer besseren Traumwelt. Für die einen ist es Fußball, für die anderen Helene Fischer oder eine Rosamunde-Pilcher-Geschichte. Und für den Pferdefreund ist es eben die glitzerrosa Pferdewelt.

Als ich ein kleines Mädchen war, war ich eines dieser Pferdemädchen. Egal worum es ging, ich brachte immer die Pferdekomponente in sämtliche Spiele. Ich hatte einen Pferdestall für die Barbiepferde, wohingegen mich die Styles von Barbie und Co. nur wenig interessierten. Auch Ken war für mich nicht so interessant wie die verschiedenen Plastikpferdchen, von denen manche auch rosa Mähnen besaßen und glitzerten. Ich baute ihnen Ställe aus Pappmaché und ließ die Barbies in den mitgelieferten Plastikdamensätteln ausreiten. Sie striegelten ihre Pferdchen und fütterten sie. Und misteten den Stall aus. Ich war überhaupt kein Fan von Puppen. Als meine Mutter mir eine Freude machen wollte, indem sie mir eine Puppe zum Anziehen und Füttern schenkte, dachte ich, sie hätte sich versehen und wollte die Puppe eigentlich meinem kleinen Bruder schenken. Die Barbies waren nur Accessoires für die Pferde. Mehr nicht.

Ich hatte alles von Playmobil, bei dem Pferde vorkamen, und spielte damit Springturniere nach. Es gab ganze Springparcours aus Playmobil, natürlich auch Westernreiter und vornehme Dressurreiter mit Kappen und Gerten. Die ganze Vielfältigkeit der Playmobilpferdewelt wurde kürzlich im Pferdemuseum zu Verden ausgestellt. Zwei Wochen brauchte es, um die Ausstellung aufzubauen, woraus ich schließe, dass die Vielfalt und Auswahl an pferdethematischen Playmobilfiguren seit meiner Kindheit bis heute stark zugenommen haben muss. Eine Entwicklung, die ich sehr begrüße!

Conny und Wendy waren Pflichtlektüre. Und ich weiß noch genau, wie groß der Wunsch war, eines Tages wirklich ein lebendiges, echtes Pferd zu besitzen. Ich saß mit meinen Eltern vor dem Fernseher, und in einem Western galoppierte eine Pferdeherde, die von einem Cowboy getrieben wurde. Und ich dachte mir: »Nur eines dieser Pferde, wenn ich nur eines dieser Pferde besitzen könnte, dann wäre ich der glücklichste Mensch der Welt!« Ich glaube, ich sprach es auch aus und dachte es nicht nur. Und das nicht nur einmal, sondern ich habe meine Eltern mit diesem Wunsch fast in den Wahnsinn getrieben.

Je älter ich wurde, desto realer wurden meine Begegnungen mit Pferden. Meine Freizeitgestaltung verlagerte sich immer mehr vom heimischen Kinderzimmer auf den Bauernhof nebenan. Dieser Bauernhof hatte Schafe, einen Esel, aber eben auch zwei Pferde und fünf Ponys zu bieten, sowie weitere pferdebegeisterte Mädchen, die dort Urlaub machten.

Meine Eltern nahmen mich mit neun Jahren aus dem Schwimmverein, da ich lieber Reitunterricht haben wollte. Als Mädchen, das auf Schulpferden Reitunterricht nimmt, bist du in der Stallhackordnung ganz unten. Denn nicht nur in Pferdeherden gibt es eine Rangordnung, die durch Kämpfe und Status festgelegt wird, auch die an Pferdeställen beteiligten Menschen legen eine Hierarchie fest. Die Privatpferdebesitzer und die Reitlehrer rangieren dabei ganz oben. Und diese nutzen ihre Position nur zu gerne aus. Ich nahm die kleinen Schikanen und Gemeinheiten der Ranghöheren stoisch hin und träumte davon, eines Tages selbst eine der ganz Großen zu sein und ein eigenes Pferd zu besitzen.

Irgendwann war es dann so weit. Als ich 13 war, redeten meine Eltern davon, dass wir uns Ponys anschauen wollten. Ich war total euphorisiert. Mein Traum ging in Erfüllung! Ich konnte mein Glück kaum fassen. Ich weiß noch, wie ich mein erstes Pony mit Kaufoption proberitt, eine Haflingerstute namens Ronja, und wir dann doch ein geschundenes Pferd von einem zwielichtigen Pferdehändler kauften. Dieses Tier war allerdings sehr wild, und so tauschte er es auf Wunsch meiner Eltern gegen mein erstes Pony Bruno um.

Ich liebte Bruno. Redete ich von ihm, so dachten meine Zuhörer, ich würde von meinem Lover reden. Bruno bestimmte mein Leben. Mein Leben *war* Bruno. Die Schule war mir egal. Ich malte ihn im Unterricht und träumte vor mich hin. Ein wenig wundere ich mich, dass ich überhaupt die Schule geschafft habe.

Als ich meine Ausbildung absolvierte, war Bruno alt und konnte nicht mehr geritten werden. Ich schaute mich nach einem jungen Pferd um und kaufte meine jetzige Friesen/Oldenburger Stute. Ich brachte ihr alles bei, was man als Reitpferd braucht. Während meines Studiums gab ich sie zeitweise an meine kleine Schwester ab, da ich mit meinen Studentenjobs als Putzfrau in einer Arztpraxis und als Obst- und Gemüsehändlerin keine zwei Pferde durchfüttern konnte. Bruno zog mit um, und gemeinsam unternahmen wir viele schöne Spaziergänge.

Eines Tages rief der Besitzer des Trabrennstalls an, in dem Bruno unterstand. Es ginge ihm gar nicht gut, er wäre beim Fressen umgefallen und könne nicht mehr aufstehen. Ich wusste sofort, dass es sein letzter Tag sein würde. Ich hatte jahrelang mit angesehen, wie Bruno immer dünner wurde, wie er immer mehr Schwierigkeiten bekam, sein Heu zu kauen und der Bewegungsapparat steifer wurde. Ich war vorbereitet. Er starb in meinen Armen, und ich konnte bei ihm sein, als er seine letzte Reise antrat. Was mir sehr wichtig war.

In der Pubertät stellt sich dann heraus, ob aus einem Pferdemädchen auch eine Pferdefrau wird. Denn in dieser Zeit wird das Pferdemädchen durch diverse Ablenkungen, die größte von ihnen Jungs, auf eine harte Probe gestellt, sodass sich hier zeigt, wer von ihnen weiterhin der Pferdewelt treu bleibt und wer sich von ihr abwendet. Auch ich musste mich dieser harten Prüfung unterziehen. Aber Jungs erreichten nie den Status von Pferden, denn eine Beziehung zu einem Pferd ist sehr viel haltbarer als eine Beziehung zu einem anderen Menschen. Oder wie Thees Uhlmann von Tomte singt: »Endlich etwas, was länger als vier Jahre hält.« Damit meinte er zwar seinen Hund, aber das kann man ohne Probleme auch auf Pferde übertragen.

Ich habe immer noch meine Stute, welche alt und gebrechlich geworden ist. Mittlerweile haben wir über 22 gemeinsame

Wenn ich einmal groß bin ...

Jahre hinter uns, und ein Abschied vor dem Tod kommt nicht infrage.

Die Dinge haben sich jedoch geändert. Ich bin berufstätig, und die Zeit ist knapp. Die naiven Träumereien sind längst verschwunden. Die Rituale der Pferdepflege sind Bestandteile des Alltags geworden, und das hat den großen Lebenstraum, den ich als Mädchen geträumt habe, teilweise zerstört. Allerdings bedeuten mir Pferde immer noch sehr viel. Ich weiß nicht, ob ich immer glücklich bin, aber eins steht fest: weil ich mein Pferd habe, bin ich ein glücklicherer Mensch.

Ich betrete eine andere Welt, wenn ich den Fuß auf die Stallschwelle stelle. Dort herrscht Ruhe. Pferde sind Tiere, die nur wenige Laute von sich geben, und so sind sie eine willkommene Abwechslung zu dem lauten und hektischen Alltag. In ihrer Welt herrschen klare Regeln, klare Zeichen, die von den anderen Herdenmitgliedern und den Pferdemenschen eindeutig zugeordnet werden können, was Sicherheit und Strukturen gibt. Diese Ruhe wirkt sich auf Menschen aus und beschwört ein Gefühl der Geborgenheit herauf.

Pferde bewirken weiterhin eine große Faszination in mir. Wenn auch alles scheiße ist, die Realität nervt und ich von Arschlöchern umzingelt scheine, dann bin ich extrem dankbar dafür, dass es Pferde gibt!

Pferdemensch

Menschen, die sich ein Pferd angeschafft haben, werden oft als Pferdemenschen bezeichnet. Dem Namen nach sind Pferdemenschen eine Kombination aus Pferd und Mensch. Ein Zentaur. Halb Mensch, halb Pferd.

Der Zentaur entstammt der griechischen Mythologie, und wie so oft ist diese Geschichte ziemlich durchgedreht und nicht ganz jugendfrei. Also Vorsicht! Alle Leser unter 16 sollten den nächsten Absatz überspringen!

Die olympische Göttin Hera war gleichzeitig die Schwester und auch die Gattin des Zeus. Damit fangen die Schweinereien ja schon an. Heutzutage ist sowas verboten! Aber die Geschichte wird noch versauter, keine Angst. Hera und Zeus trieben es einmal im Jahr unter einem Baum. So weit, so gut. Zeus war es auch, der Hera anstachelte, einer Wolke ihre Gestalt zu geben. Hera hielt sich auf einem Saufgelage der Götter auf, als ein Betrunkener mit dem Namen Ixion, zufälligerweise ein König, sie belästigte. Als nun dieser König die Wolke in der Gestalt Heras »anstach«, zeugte er damit einen Bastard. Und was hat so ein Bastard aus Wolkengöttin und König im Sinn? Das Naheliegende. Er vögelt eine Herde Stuten. Und die Zentauren sind geboren. Ein unglaublich unbeherrschtes und lüsternes Volk, diese antiken Griechen.

Zum Glück ist der Pferdemensch von heute nicht unheimlich unbeherrscht und lüstern. Nicht alle jedenfalls. Nein, Pferdemenschen verschmelzen in ganz anderer Hinsicht als der sexuellen mit Pferden. Sie richten ihr ganzes Leben nach ihrem Pferd aus.

Das bedeutet zunächst, dass sie all ihr Geld ihrer Passion opfern. Der Pferdemensch ist ein sehr risikofreudiger Mensch, da er zukünftige Investitionen nicht voraussagen kann und auch nicht versucht, dieses zu tun. Er hat entweder eine Menge Kohle auf seinem Konto liegen, oder er liebt die Gefahr, und ist sich ständig des drohenden Verlustes seiner finanziellen Basis bewusst. Ein Wink des Schicksals, und der Pferdefreund droht, Haus und Hof, Partner, Freunde und vielleicht auch sich selbst zu verlieren und in die Obdachlosigkeit abzurutschen. Dabei sind es nicht die Futterkosten, die risikobehaftet sind, denn die sind kalkulierbar. Natürlich brauchen verschiedene Pferde unterschiedliche Futtermengen und vor allem auch verschiedene Arten von Futter, allerdings sind Quantität und Qualität des Futters planbar. Auch die Miete, die der Pferdfreund monatlich an den Stallbesitzer zu entrichten hat, kann variieren, ist aber im Großen und Ganzen nachvollziehbar. Der Pferdefreund muss sich im Klaren darüber sein, ob sein Pferd ein Solarium braucht oder ob er auf diese Annehmlichkeit verzichtet. Oder legt er Wert auf eine vollautomatische Futteranlage, die durch abgestimmte Computertechnik berechnet, welches Futter und wie viel davon das Pferd am Tag bekommt? Fragen über Fragen, von deren Antworten die passende Residenz für das Pferd und somit auch der zu entrichtende Preis für den Pferdefreund abgeleitet werden kann.

Auch das Zubehör ist sehr differenziert in der Preisgestaltung. Hier kann der Pferdefreund allein schon mehrere Jahresgehälter loswerden, möchte er den besten und passendsten Sattel für sein Pferd und den ergonomischsten Pferdanhänger anschaffen. So wie auch das richtige Auto, da ein VW Polo nun mal nicht in der Lage ist, bis zu einer Tonne Lebendgewicht plus Pferdeanhänger zu ziehen.

Nein, das Lotteriegefühl wird durch die Tatsache ausgelöst, dass es sich bei Pferden um Lebewesen handelt. Und dass Lebewesen theoretisch krank werden können. Wer einmal privatversichert war, weiß, dass so ein Arztbesuch kein wirkliches Schnäppchen ist. Und ein Pferd ist *immer* ein Privatpatient.

Es gibt die Möglichkeit, eine private Krankenversicherung für sein Pferd abzuschließen. Diese lohnt sich aber nur bei jungen, gesunden Pferden. Denn da sind die Beiträge noch einigermaßen annehmbar. Ob eine Pferdeversicherung überhaupt Sinn macht, ist eine andere Frage. Vorerkrankungen sowie auch das fortschreitende Alter eines Pferdes sind Kriterien, die die Versicherungsbeiträge ins Unermessliche wachsen lassen. Dabei ist es egal, wie alt oder jung ein Pferd bei Versicherungsabschluss ist. Wird es älter, so wird auch die Versicherung teuer. Eine einfache Regel. Ist der Pferdemensch weniger risikofreudig, so schließt er trotzdem eine Versicherung ab. Oder eine

Spezialversicherung, in der nur mögliche Klinikaufenthalte des Lieblings enthalten sind.

Eine Pferdeklinik ist ein hochmodernes, auf dem neuesten Stand der Veterinärmedizin erbautes Gesundheitszentrum für Pferde, in dem hochsensible Gerätschaften und teure Computertechnik zum Einsatz kommen.

Wie bei uns Menschen, hat die Pferdewelt auch alternative Heilmethoden zu bieten. Einige Pferdebesitzer schwören auf Heilpraktiker oder Osteopathen. Knochenbrecher und Pferdeheiler stellen der Pferdebesitzerin ihre Dienste zur Verfügung, der XXL Ostfriese war ein prominentes Beispiel. Pferdeflüsterer versprechen, verhaltensauffällige Pferde zu umgänglichen Tieren auszubilden. Bei der Magnetfeldtherapie sollen Pferde durch eine energieregulierende Decke geheilt werden. Pferdeschamanen predigen einen gewaltfreien Umgang mit dem Geschöpf Pferd. Klaus Ferdinand Hempfling ist der bekannteste selbsternannte Pferdeschamane, der jedoch neben zahlreichen Anhängern auch viele Kritiker hat. Unbestritten ist, dass er durch die Vermarktung seiner Methode sehr reich geworden ist. Seine Bücher sind Bestseller, und Anhänger müssen enorme Summen für seine Kurse hinblättern, es wurde weiterhin berichtet, dass sogar wirtschaftliche Verhältnisse vor Kursantritt offengelegt werden mussten und er seiner Anhängerschaft strikte Ernährungsregeln auferlegte. Die Möglichkeiten, für die Pferdgesundheit zu sorgen und dabei sein Vermögen loszuwerden, sind also schier unendlich.

Doch Geld ist nicht das einzige, was Pferdemenschen ihren Pferden opfern. Ein weiteres, den Menschen kostbares Gut wird zur Verfügung gestellt, nämlich die Zeit. Wer schon einmal versucht hat, sich mit einem Pferdemenschen zu verabreden, wird ein Liedchen davon singen können. »Ich würde ja so gerne das Spiel zwischen Hannover 96 und dem SV Sandhausen angucken, aber leider muss ich heute noch unbedingt zu Moonlight.« Dieser oder ein so ähnlicher Satz ist die Standardentschuldigung eines Pferdemenschen. Ein Außenstehender könnte sich fragen, was der Pferdemensch den ganzen Tag bei seinem Pferd treibt. Wofür braucht er Stunden oder sogar halbe Tage?

Zuerst einmal ist das Pferd meistens in einem Stall untergebracht, welcher in ländlicheren Gegenden zu finden ist. Wohnt der Pferdemensch in der Stadt, muss er also lange Fahrzeiten in Kauf nehmen, um seinem Pferd einen Besuch abzustatten. Im Stall angekommen, trifft er oft auf andere Pferdemenschen. Ein Pläuschchen über die Lieblinge ist nicht unüblich. »Diego ist heute so schön in die Trabverstärkung gegangen und er lief dabei so schön in Anlehnung!« – »Oh, das ist aber schön, ich bin ja mal gespannt, ob Trixie heute besser am Zügel geht als gestern!«

Nach dem Pläuschchen muss der Liebling von der Weide in den Stall geholt werden. Die Weide befindet sich nicht unbedingt direkt am Stall und der Liebling nicht unbedingt direkt am Weidetor. Dann fängt das Putzen an. Das Putzen des Pferdes. Hierfür gibt es verschiedenartige Bürsten, die nacheinander verwendet werden. Die Mähne wird mit dem Mähnenkamm durchgebürstet, der Schweif wird ▶verlesen. Dann werden die Hufe mit einem Hufauskratzer gereinigt, dabei muss sehr vorsichtig vorgegangen werden, damit der in der Mitte des Hufes angesiedelte ▶Strahl nicht zu sehr gedrückt wird. Denn dort sind unsere Freunde besonders empfindlich. Nach dem Putzen wird das Tier noch mit Fellglanzspray veredelt.

Nun kommt das Zubehör ins Spiel, sämtliches Gedöns, was zum Reiten benötigt wird, wird an das Pferd rangefummelt. Hier kann der Aufwand sehr variieren, die Minimalausstattung sind ein Sattel und eine Trense, Extras wären Bandagen oder Gamaschen für die Beine, Hufschuhe für die Hufe, Decken für den Rücken, Hilfszügel zur Verfeinerung der Hilfen – oder zum Hinwegtäuschen über die Unfähigkeit des Reiters – und Mützen für die Ohren.

Hat der Pferdefreund nun sein Pferd zum Reiten vorbereitet, geht es an die eigene Vorbereitung. Es werden Reitstiefel angezogen und ein Reithelm aufgesetzt. Vielleicht muss der Reiter auch noch eine Gerte mitnehmen. Nun geht es los.

Geritten wird oft ungefähr eine Stunde lang. Reitet der Reiter auf dem Platz, so muss er ihn hinterher harken, damit der nächste Reiter es schön hat. Beim Reiten verlorene Pferdeäpfel müssen eingesammelt werden. Wird das absichtlich nicht gemacht oder vergessen, gibt es richtig Ärger, denn bei der Nichteinhaltung der Stallordnung kennen Pferdefreunde kein Pardon! Manchmal schwitzt das Pferd nach dem Reiten. Dann braucht es eine Abschwitzdecke, und der Reiter muss warten, bis das Pferd trocken ist, bevor er die Decke wieder runternehmen darf.

Jetzt muss der Reiter das Futter für das Pferd zubereiten. Das kann sehr kompliziert sein und um die zehn verschiedenen Zutaten enthalten. Ist das erledigt, muss der Dreck wieder beseitigt werden. Zum einen der Dreck aus den Hufen und eventuell auch die Pferdeäpfel, die das Pferd auf der Stallgasse und auf dem Hof und überall sonst verteilt hat, aber auch der Dreck aus dem Stall des Pferdes. Hierzu müssen mehrere Karren an Mist mit einer Mistgabel aus dem Stall gefischt und dann auf den Misthaufen abgeladen werden. Danach wird frisches Stroh und frisches Heu in der Unterkunft des Lieblings verteilt. Oft muss auch noch die Pferdeweide von Pferdeäpfeln befreit werden. Der Pferdemensch bewaffnet sich hierzu mit einer handelsüblichen Schubkarre und einem ▶Stallboy. Mithilfe dieser Utensilien befördert er die Hinterlassenschaften der Lieblinge aller ▶Einsteller von der Pferdeweide auf den Misthaufen. Dieses Ritual muss zum Glück nicht täglich erledigt werden, da diese Arbeit meist nach der Philosophie der *job rotation* organisiert ist, sodass jeder Einsteller sie in wiederkehrenden Zeitabschnitten zu erledigen hat. Auch das Aufräumen und Putzen der gemeinsamen sanitären Anlagen und des Aufenthaltsraumes, des Reiterstübchens, sind in dieser Art und Weise organisiert.

Ist all dieses nun erledigt, hält man noch kurz ein Pläuschchen mit den Stallkollegen, fettet eventuell noch sein Lederzeug ein und räumt sämtliches Gedöns wieder in seinen eigenen Schrank. Dann kann man nach Hause fahren. Dort angekommen, ist der Pferdefreund dann meistens etwas müde und hat Hunger. Und riecht nach Pferd. Der nachsichtige Partner sollte ihn also erst einmal in Ruhe lassen, bis Hunger, Müdigkeit und Körperhygiene in den Griff bekommen wurden.

Doch neben seiner Zeit und seinem Geld opfert der Pferdemensch noch das Allerwichtigste: seine Liebe. Der Pferdemensch liebt sein Pferd über alles, er fühlt sich nur in der Gegenwart seines Lieblings richtig wohl und er würde alles tun, damit es seinem Tier gutgeht. Insofern ist es nicht verwunderlich, dass er Geld und Zeit in unendlichem Maße zur Verfügung stellt. Der Pferdmensch zeigt seine Liebe zu den Pferden auch in allen sozialen Bereichen, er besitzt Tassen und Mousepads mit dem Antlitz seines Pferdes, er erfreut sich an seinem Pferd in Form eines Bildschirmschoners oder Handydisplaybildchens. In seiner Wohnung hängen Bilder von seinem Pferd, teilweise sogar gezeichnete Auftragsarbeiten, und in seinem Portemonnaie stecken Fotos von seinem Pferd anstatt Fotos des Partners. Auf der Rückscheibe seines Autos klebt ein Aufkleber des Zuchtgebietes seines Pferdes, und am Rückspiegel hängt eine Miniaturtrense. Er düngt seine Rosen mit Pferdeäpfeln. Er redet ständig von seinem Pferd, egal ob es seine Mitmenschen interessiert oder nicht. Und er liest Pferdezeitschriften, die so interessante Artikel enthalten wie »Dicke Pferde setzen sich durch« oder »ARGE Haflinger wählt die schönsten Blondinen«. Er schläft in Pferdebettwäsche und schaut sich Videos über gewaltfreie Pferdeerziehung an. Denn Pferdemensch, das ist mehr als eine Umschreibung für jemanden, der gerne Pferde mag. Es ist eine Lebensphilosophie. Es ist das, was diesen Menschen ausmacht.

Mein Pferd hat keine Seite, es hat ja auch kein Internet

Früher war alles besser, das wissen wir alle. Früher gab es noch kein Internet. Na ja, als ich noch ein Kind war, gab es schon Internet, aber nicht für jedermann. Wir mussten uns noch richtig unterhalten, so in Echtzeit, von Angesicht zu Angesicht, ohne dass irgendwelche Smartphones vor unseren Gesichtern klebten.

Ein Anlaufpunkt für diese aus heutiger Sicht sehr antiquierte Art der Konversation waren die Reiterstübchen, in denen sich pferdeinteressierte Jugendliche treffen und sich über pferderelevante Themen austauschen sowie über andere Stallmitglieder herziehen konnten. Die Tribüne war eine weitere Lästerhochburg der Pferdeszene. Von hier aus konnten eingeschworene Pferdemädchengangs und einzelne Pferdejungen entspannt auf das Geschehen im Viereck heruntergucken und live kommentieren, was die Reiter dort unten alles falsch machten. »Guck mal, der zerrt Trixie aber ganz schön im Maul rum! Und dann hat der auch noch Sporen um, obwohl der gar nicht reiten kann! Der hat die Hacken viel zu weit nach oben gezogen! Und guck mal, wie der die Zügel hält! Der hat ja gar keine Ahnung! Und wer ist denn das Mädel da auf Adrian? Die kann sich ja voll nicht durchsetzen, Adrian macht ja, was er will! Der ▶klebt ja voll! Kein Wunder bei der Hilfengebung! Die kriegt ja noch nicht mal ihre Schenkel an die Flanken! Und das soll ne Volte sein?! Seh ich das richtig, oder hat Sascha noch Stroh im Schweif? Also, das muss man doch sehen! Voll peinlich, so dreckig in die Reithalle zu gehen!«

Sie sehen, die Möglichkeiten, andere Mitreiter zu kritisieren, sind mannigfaltig, und so versiegen die Lästerquellen nie.

Über ihre Freizeitgestaltung mussten sich die Pferdekids selbst dann keine Gedanken machen, wenn alle Stallgassen gefegt waren und alle Pferde gestriegelt. Selbst ohne Smartphones.

Wie für viele gesellschaftliche Bereiche, bringt das Internet auch für die Pferdecommunity ungeahnte Möglichkeiten und Gefahren mit sich. Denn nun verlagert sich das Lästern, das Sammeln von pferderelevanten Informationen wie auch die Gangbildung vermehrt ins Netz. Natürlich gibt es immer noch Pferdeställe, und es gibt immer noch Reiterstübchen und Tribünen, aber zusätzlich besteht nun die Möglichkeit, auf die ganze Welt der Pferde vom Rechner oder Smartphone aus zuzugreifen.

Während ich früher in meinem Buch über Pferdekrankheiten nachschlagen musste, sobald mein Pony irgendwelche Symptome zeigte, kann ich die entsprechenden Begriffe heute in eine Suchmaschine eingeben und bekomme Millionen von möglichen Krankheiten angezeigt. Das Pferd lahmt, also hat es einen Sehnenschaden, Arthritis, Arthrose, ein Hufgeschwür und wahrscheinlich auch noch einen Knochenbruch. Bis zum Tierarzttermin ist reichlich Zeit für Spekulationen.

Früher fuhren mich meine Eltern in den 20 Kilometer entfernten Reiterladen, wo ich die neueste Mode für mich und mein Pony aussuchen konnte. Heute bestelle ich schön bequem im Internet und fahre dann zum Abholen und für die Retourpakete zur Post. Die meisten Sachen passen nicht richtig, deshalb bestelle ich jeweils größere oder kleine Größen, andere Farben oder wasserfestere Pferdedecken.

Damals las ich in Printmagazinen, wann und wo die nächste Pferdemesse stattfindet und wo und wann die Stars aus der Pferdewelt auftreten. Heute kann ich anhand der sozialen Netzwerke sehen, an welchen Events meine Pferdefreunde interessiert sind und bin über sämtliche Vorführungen mit Pferdeinhalt informiert. Sowieso informieren mich die sozialen Netzwerke nicht nur darüber, welches Mittagessen meine pferdeuninteressierten Internetfreunde gegessen haben, sondern es bringt mich in Hinblick auf die Turniererfolge, Pferdeausbildungsfortschritte oder sonstigen Erfahrungen meiner Reiterfreunde mit ihrem Pferd auf den neuesten Stand. Ich kann den Pferden meiner Freunde beim Fressen oder Dösen zusehen und ich kann an Pferdechallenges teilnehmen, wobei man sich allerdings keinen Eimer mit Pferdeäpfeln über den Kopf kippen muss, sondern einfach an fünf Tagen Bilder von seinem Pferd veröffentlicht und parallel andere Pferdleute nominieren darf. Wirklich nett sind die nachdenklichen Sprüche mit Bildern, die Pferdemenschen gerne teilen. Hier werden lustige oder romantische Dinge aus der Pferdewelt verbreitet. »Das Glück dieser Erde liegt auf dem Rücken der Pferde«, kennt so ziemlich jeder. Aber wie ist es mit »Das Glück der Pferde ist der Reiter auf der Erde«? Oder: »Pferde haben nur vor zwei Dingen Angst. Die, die sich bewegen und die, die sich nicht bewegen«. Lustig für Pferdefreunde, verwirrend für alle anderen. Sprüche wie »Pferde geben uns die Flügel, die wir nicht haben« oder »Wirf dein Herz voraus, und dein Pferd wird folgen« sind von romantischer Natur.

Es gibt Facebook-Gruppen für alles Mögliche, also auch für pferderelevante Themen. Ich bin in einer Gruppe gegen Pferdesteuer. So hörte ich von Tangstedt, ein klangvoller Name, den ich ohne die Bemühung des Ortes, sein Haushaltsloch von 100.000 Euro mit Hilfe der dort ansässigen Pferde zu stopfen, nie gehört hätte.

Das Internet ist für Pferdeblogger und weitere Kreative mit Pferdeaussagen unglaublich lukrativ. Ein schönes Beispiel ist ein aus einem Spaß entstandenes T-Shirt mit der Aufschrift »Bibi&Tina&Amadeus&Sabrina.«, welches es über die sozialen Netzwerke in Internetshops und so zu Ruhm und Geld brachte. Es bezieht sich auf die Anfangsmelodie des Bibi & Tina-Hörspiels, die in Dauerschleife bei dem Sohn des Erfinders lief und sich zu einem echten Ohrwurm entpuppte. Als der Erfinder des T-Shirts mit seinen drei Begleiterinnen im Hamburger Nachtleben von einem Türsteher abgewiesen wurde, sagte er, sie hießen Bibi und Tina und Amadeus und Sabrina (Amadeus und Sabrina sind die Pferde, Bibi und Tina die Menschen) und stünden auf der Gästeliste. Das gefiel dem Türsteher, und so durften sie doch noch rein. Das gefiel wiederum den Nachtschwärmern, sodass das T-Shirt in Druck gegeben wurde. Das gefiel wiederum dem breiten Social-Media-Publikum, und so wurde das T-Shirt zum Renner der Hipsterszene.

Selbstverständlich bieten die sozialen Netzwerke auch die Möglichkeit zur freien Meinungsäußerung über Pferdethemen. Hier wird nicht immer sachlich diskutiert. Themen sind oft reitsportfachlicher Art, zum Beispiel, dass die Verwendung eines ▶Sperrriemens Tierquälerei ist, dass die ▶Rollkur Tierquälerei ist, und dass das ▶Anreiten von Pferden unter drei, vier oder fünf Jahren Tierquälerei ist.

Manchmal sind Meinungsäußerungen auch versteckt: Hat man zum Beispiel einen Disput mit einem Stallkollegen und postet dann einen bebilderten Spruch mit dem Inhalt »Fürchte nicht den Feind, der dich angreift. Fürchte den Freund, der dich umarmt«, dann muss das nicht unbedingt zufällig sein. Der Mensch, der mit dem Spruch gemeint ist, kann nun anhand der Likes sehen, wer noch alles gegen ihn ist. Das bringt unterschwellig Zündstoff in eine Stallgemeinschaft. Der unterschwellige Konflikt bricht irgendwann in offenen Streit und Anschuldigungen aus und führt dann zu einer Stallversammlung, wo alle Einsteller ihre Meinung präsentieren dürfen und anschließend über Maßnahmen gestritten wird. Oft dauern diese Versammlungen lange und führen zu keinem Ergebnis. Einige unzufriedene Einsteller wechseln danach den Stall. Manch einem wird dieses Prozedere auch aus anderen Bereichen seines sozialen Lebens bekannt vorkommen.

Die Pferdewelt ist natürlich auch im großen YouTube-Universum vertreten. Gibt man dort den Begriff »Pferde« ein, so wird als erstes der Zusatz »beim Decken« für die weitere YouTube-Suche vorgeschlagen. Gibt man nun »Pferde b« ein, so kommt »Pferde beim Decken«, »Pferde beim Decken mit Reiter«, »Pferde beim Decken extrem«, »Pferde beim Decken mit Menschen«, »Pferde beim Decken mit einer Stute« und »Pferde beim Decken künstlich« und dann erst »Pferde Bilder«. Irgendwie erschreckend, dass solche Begriffe offenbar häufig eingetippt werden. Und ein eindeutiger Beweis dafür, dass das Internet ein sehr gefährliches Dingsbums ist, was einen verantwortungsvollen und dosierten Umgang erfordert. Ob es sich jetzt um die Pferdewelt handelt, oder um jeden anderen Lebensbereich.

Ich häng eh ständig im Stall rum – Warum das Hobby nicht zum Beruf machen?!

Sagt der ▶Pferdewirt zu seiner Kundschaft: »Wer von euch Wallachen bekommt jetzt das Herrengedeck?« Zugegeben, das ist jetzt ein wenig Fips-Asmussen-Niveau, aber lustig ist es trotzdem, oder?

Wie jeder andere Pferdefreak träumte ich als Pferdemädchen davon, mein Hobby zum Beruf zu machen. Ich stellte mir ein Leben umgeben von Pferden als unbedingt erstrebenswert vor und wünschte mir in meinem Erwachsenenleben, meinen Lebensunterhalt mit der Hilfe meiner vierbeinigen Freunde verdienen zu können. Dabei kam mir vor allem das Bild einer Pferdezüchterin in den Kopf. Ich würde die Familienplanung für Pferdefamilien übernehmen, auf einem Hof mit vielen Pferden leben und zusehen, wie die lustigen kleinen Fohlen über eine grüne Wiese mit Gänseblümchen toben. Später merkte ich dann, dass Pferde miteinander Sex haben müssen, damit Fohlen zustande kommen können, und das fand ich irgendwie iih-bah und pfui. Noch später war das alles mit dem Sex nicht mehr schlimm, aber ich hatte Angst, ich würde den Zeitpunkt verpassen, an dem die Stute überhaupt Bock auf Sex hat, also an dem sie rossig ist, und dann dämmerte es mir irgendwann, dass Pferdezüchter Pferde züchten, um Fohlen zu verkaufen und damit möglichst viel Profit zu machen, es bei der Pferdezucht also nicht um süße kleine Pferdefamilien geht, da Pferde erstens nicht in Familien zusammenleben und zweitens das Ganze wirtschaftlich sein muss. Und wenn etwas wirtschaftlich sein muss, ist es oft vorbei mit der Romantik.

Genau das versuchten mir meine Eltern auch immer beizubringen. Sie sagten: »Kind, lerne was Ordentliches, damit du später genug Geld verdienen kannst, um dir ein Pferd überhaupt leisten zu können! Dann kannst du in deiner Freizeit mit deinem Pferd über eine grüne Wiese mit Gänseblümchen galoppieren und musst dir nicht den Spaß an deinem Hobby verderben lassen!«

Nun, einerseits hatten sie Recht. Denn wirtschaftliche Abwägungen versauen einem schnell die Lust an etwas, und im Bereich der Pferde geht das wirtschaftliche Handeln meist zu Lasten der Pferde oder zu Lasten des Pferdefreundes, der sich für andere Menschen ausbeuten lässt. Allerdings besitzen meine Eltern keine Kenntnisse über die Pferdewelt, vor allem nicht über die Komplexität der heutigen Beziehungen zwischen Pferd und Mensch, und so können sich einige Tätigkeitsfelder erschließen, in denen der Berufstätige weder sich noch die Tiere ausbeutet, sondern andere Pferdefreunde. Natürlich meine ich nicht ausbeutet, sondern ihnen hilft, bestimmte Lernzuwächse zu erreichen oder interessante Dinge zu erfahren. Zwischen Ausbeutung und Hilfe sind die Grenzen oft fließend und individuell.

Des Weiteren denke ich, dass meine Eltern Unrecht damit hatten, dass es erstrebenswert sei, sich einen Beruf zu suchen, der zwar Geld bringt, ansonsten allerdings keinen Mehrwert. Meine Eltern versuchten, mir eine Ausbildung in einer Bank unterzujubeln. Ein solider, prestigeträchtiger Job mit Karriereoptionen. In dem Bewerbungsgespräch lenkte ich das Thema irgendwie von Zahlen und Konten (als Schülerin konnte ich Mathe als mein mit Abstand schlechtestes Fach ausweisen) auf mein Pony Bruno. Und ist ein Pferdefreund einmal beim Thema Pferde angekommen, ist es sehr schwer, ihn wieder davon abzubringen. Der Abteilungsleiter der Bank merkte schnell, dass es zwecklos gewesen wäre, mich in einer Bank zu beschäftigen. Meine Eltern aber gaben die Hoffnung nicht auf. Und so kam ich zu einer Ausbildung im Büro und einem Pferd für die Freizeit.

Doch ich hörte nicht auf zu träumen, und an einigen kleinen Stellen verband ich dann doch Pferde und Broterwerb miteinander. Zum Beispiel mit diesem Buch; welches natürlich ein Bestseller der Pferdeliteratur werden und meine Sorgen um die Bestreitung des Lebensunterhaltes für mich und mein Pferd verschwinden lassen wird. So kann dieses Pferdebuch auch als spätpubertäre Rebellion gegen mein Elternhaus angesehen werden.

Aber ich machte auch weniger erfolgreiche Erfahrungen, welche die Worte meiner Eltern verifizierten. Ich denke dabei vor allem an die Arbeit während der Ferien auf dem Ponyhof. Ich muss ungefähr 15 gewesen sein, als ich gegen Kost und Logis auf einem runtergekommenen Ponyparadies in einem niedersächsischen Kaff schuftete und mir die Pferderomantik gehörig verderben ließ. Gearbeitet wurde den ganzen Tag: Pferde putzen, beim Satteln helfen, kleinen Kindern Reitunterricht geben, Ställe ausmisten, den Hof fegen, auf Ferienkinder aufpassen. Der Tag ging um halb sieben morgens los und endete abends, für Freizeit blieb keine Zeit. Ich hätte dort im Niemandsland auch nicht viel damit anfangen können. Die Unterbringung war sehr wenig komfortabel. Ich schlief mit einer weiteren Hilfskraft in einer Dachgeschosskammer in einem klapprigen Stahlhochbett. Nach ein paar Wochen bekam die Herrin des Hauses Mitleid mit mir und verfrachtete mich in das Zimmer ihres erwachsenen Sohnes, der fast nie bei den Eltern verweilte. Das Zimmer war bespickt mit Postern von Panzern, und ich dachte, was für ein grässlicher Mensch der Sohn sein müsse, wenn er sich Panzer und sonstiges Kriegsmaterial an die Wände hängt. Eines Tages ließ ich zwei der Ferienkinder in das Zimmer zum Quatschen, was die böse Schwiegermutter mitbekam und mir daraufhin einen langen Vortrag über den Vertrauensmissbrauch, den ich gerade begangen hatte, hielt. Ich fühlte mich dort wie Aschenputtel, also schon irgendwie wie im Märchen, aber nicht so romantisch, wie ich es mir vorgestellt hatte.

Auch die Pferde auf dem Ponyhof wurden nicht gerade gut behandelt. Sie standen nebeneinander angebunden in einem Kuhstall und durften sich nur bewegen, wenn sich eines der Ferienkinder auf ihrem Rücken befand. Zu Ferienzeiten wurden sie ständig geritten, während sie außerhalb der Ferien nur herumstanden. Heutzutage würde sich diese Art von Ponyhöfen nicht mehr halten können, da die meisten Ferienkinder und deren Eltern mehr auf den Tierschutz achten als noch vor 25 Jahren.

Eine weitere Erfahrung in der Arbeit mit Pferden machte ich bei einem Praktikum im Bereich Heilpädagogisches Reiten. Pferde und Pädagogik, das passt gut zusammen. Es geht in der Heilpädagogik darum, bei bestimmten Beeinträchtigungen therapierend zu helfen, in diesem Fall mit der Hilfe eines Pferdes oder Ponys. Der Ansatz versprach mir ein interessantes berufliches Betätigungsfeld, und so bewarb ich mich für ein Praktikum in einem renommierten niedersächsischen Reitstall und arbeitete dort für lau, um mehr über Heilpädagogik zu erfahren. Ich kann sagen, dass meine Erwartungen voll und ganz nicht erfüllt worden sind, denn das Einzige, was mir die Hofbesitzerin beibrachte, war, wie man eine ▶Longe richtig wieder aufrollt – sie störte sich an der unsachgemäßen Wiederaufhängung der langen Schnur. Ansonsten erledigte ich ihre Arbeit. Ich putzte mit ihren Kunden die Pferde, machte die Pferde für die Therapiestunde zurecht und führte die Therapie irgendwie durch. So wie ich es für richtig hielt. *Learning by doing* nennt man das wohl. Während meine Mentorin also ihren Porsche ausfuhr, konnte ich meine Kenntnisse in der Heilpädagogik auf meine ganz eigene Art erweitern, und so hat mich dieses Praktikum um einige Erfahrungen bereichert. Allerdings auch um die Erfahrung, dass nicht jeder Mensch, der sich einen Beruf im Pferdesektor ausgesucht hat, auch an Pferden interessiert ist. Geld und die Option auf ein statussymbolträchtiges Leben sind scheinbar oft größere Anreize als der Umgang mit den Tieren.

Aber es gibt sie auch: die Guten. Man muss manchmal nur ein wenig nach ihnen suchen. Es gibt pferdebegeisterte Menschen, die ihre Jobs als Investmentbanker, Steuerfachangestellte oder Marketingexperten hinschmeißen, um in eine ungewisse Zukunft als selbstständiger Pferdeexperte zu investieren. Der neue Job ist oft arbeitsintensiver, allerdings fällt es vielen nicht auf, dass sie rund um die Uhr arbeiten, weil sie das machen, was sie gerne machen. Sie betreiben Pensionsställe und beherbergen Pferde und ihre pferdebegeisterten Menschen, sie gründen Reitschulen oder bieten Reittouren und Wanderritte an, oder sie züchten Pferde, so wie ich es mir einst erträumt habe. Sie bieten mobilen Scherservice fürs Pferd an und ▶scheren süßen Ponys lustige Formen ins Winterfell, sodass der Pferdarsch mit einem Stern, einem Herz oder dem Superman-Logo verziert ist. Einige sind sehr erfolgreich in der Pferdebranche, vor allem dann, wenn sie ein breites Publikum von ihrer Markenpolitik überzeugen können. So wie zum Beispiel Michael Geitner, der sich den Begriff der ▶Dual-Aktivierung rechtlich schützen ließ.

Mittlerweile hat sich der Arbeitsmarkt rund um das Pferd stark erweitert. Einige Erfindungen der letzten Jahre ziehen Erfindungen aus dem Reich der Pferde nach sich. Therapeutisches Reiten oder Voltigieren wird bei vielen menschlichen Krankheitsbildern eingesetzt, zum Beispiel bei Burnout-Patienten oder bei chronischen Beschwerden. Gestresste Manager können in Selbsterfahrungskursen Pferde führen und die Natur wahrnehmen und durch Übungen mit dem Pferd mehr über Mitarbeiterführung erfahren. Coaching mit Pferden erlaubt es, alle Bereiche des Lebens kritisch zu betrachten und neue Wege zu entwickeln. Qi-Gong-Kurse auf dem Pferderücken liegen stark im Trend. Auch der Flexibar, eine bewegliche Stange, welche nur durch Anspannung der tieferliegenden Muskeln in Bewegung gebracht werden kann, wird gerne auf dem Pferd verwendet. So werden gleichzeitig Muskeln und das Koordinationsgefühl trainiert. Auf Kindergeburtstagen können die Kleinen Indianer mit echten Pferden spielen. Frauen werden sich in Pferde-/Frauenkursen der eigenen Präsenz bewusst. Ein produktiverer Umgang mit Störungen, Konflikten und Hindernissen wird mit Pferden in Teambildungskursen geübt. Verhaltens- und lernauffällige Jugendliche verbessern ihre Konzentration mithilfe von Pferden. Der Fantasie für die Einbindung des Pferdes in die Berufsgestaltung sind keine Grenzen gesetzt, das Pferd entwickelte sich vom Arbeitstier zum Freizeitpartner und weiter zum Helfer bei Heilprozessen.

Es muss nicht mehr der traditionelle Pferdeberuf sein wie Pferdemetzger, Pferdewirt, Reitlehrer, Tierarzt oder Jockey. Diese bringen ohnehin einige Nachteile mit sich. Der Beruf des Pferdemetzgers kommt natürlich für einen Pferdefreund nicht infrage. Der Pferdewirt ist schlecht bezahlt und zeichnet sich durch harte Arbeit aus. Ein Tierarzt ist ständig unterwegs und hat selten Feierabend. Und ein Jockey darf nicht allzu schwer und groß sein, er ist also das Model unter den Pferdefreunden. Germany's next Topjockey sozusagen.

Neben meinem Traumberuf Gestütsleiterin hätte ich auch den Beruf als Besamungswartin, Besamungsbeauftragte oder Besamungstechnikerin wählen können. Dann würde ich jetzt in einer Besamungsstation arbeiten. Aber so wirklich überzeugend klingt das für mich nicht. Da schreibe ich lieber ein Pferdebuch.

Wenn Pferdemenschen Urlaub machen

Urlaub ist für die meisten Menschen die schönste Zeit des Jahres. Einige freuen sich auf den entspannten Sommerurlaub unter Palmen und möchten sich mal so richtig schön erholen. Andere wollen fremde Kulturen oder Städte erkunden, weitere sind auf Abenteuer aus. Und der Pferdefreund? Wie sieht der Traumurlaub für jemanden aus, der seine Freizeit- und Alltagsaktivitäten damit ausschmückt, Ställe auszumisten und Pferderücken zu kraulen? So jemand möchte bestimmt mal eine Auszeit nehmen und wochenlang nur am Strand rumliegen, anstatt im Stall rumzuhängen. Oder er möchte ganz neue Erfahrungen machen, losgelöst vom Pferde-Alltag.

Natürlich möchte auch ein Pferdefreak mal eine Auszeit, doch selbst während der Urlaubszeit kann der Pferdemensch nicht aus seiner Haut und seine Leidenschaft ruhen lassen. Ein Mensch, der mit einem Pferdefreund einen Urlaub plant, sollte besonders skeptisch sein und darauf achten, dass die gemeinsame Zeit nicht in ein großes Fest für Pferdebegeisterte ausartet. Denn das passiert schneller als man denkt, und oft auf eine so perfide und hinterhältige Art, dass die Falle erst von Pferdemenschbegleitern erkannt wird, wenn sie schon zugeschnappt ist.

Ein beliebter und eher netter Trick ist das Heraussuchen von pferderelevanten Locations durch den Pferdefreund, nachdem der Urlaubsort schon feststeht, in Kombination mit der klammheimlichen Buchung einer Tagestour mit Pferd. Später wird der Begleitung freigestellt, ob sie auch daran teilnehmen oder sich währenddessen eine andere Freizeitbeschäftigung suchen möchte. Man ist ja kein Unmensch.

Eine weitere Möglichkeit ist folgender Deal: »Du setzt dich untrainiert für acht Stunden auf einen Pferderücken und versuchst verdammt nochmal die schöne Landschaft auf Kreta (hier wahlweise anderen Ort einsetzen) zu genießen, während dir sämtliche Muskeln deines Körpers wehtun, von denen du noch nie die leiseste Ahnung hattest, dass sie existieren – dafür mache ich die zweistündige Fahrradtour durch den Olivenhain mit, mit der du mir schon seit Ewigkeiten in den Ohren liegst.«

Widerfährt einer pferdeuninteressierten Urlaubsbegleitung so etwas, hat sie noch großes Glück gehabt, denn es gibt sehr viel härtere Urlaubstouren, die durch den Pferdefreund angestoßen werden können. Ich hörte schon von Partnern, die ganze Trekkingtouren durch Irland auf dem Pferderücken mitgemacht haben, ohne irgendwelche Gegenleistungen versprochen bekommen zu haben. Oder die Begleitung durfte mit dem Pferd und dem Pferdefreund zu einem Wochenendfortbildungskurs mit pferderelevantem Inhalt in ein dörfliches Niemandsland fahren und bekam vom Pferdefreund zwar die Gebühr für das Doppelzimmer erstattet, musste dafür aber zugucken, wie Pferdefreund und Pferd ihre neuen Erfahrungen fernab des Alltags sammelten. Was für den einen spannend ist, kann unter Umständen für andere totlangweilig sein, obwohl das natürlich für den einen nur schwer nachvollziehbar ist. Da hüpft jemand nicht vor Begeisterung im Viereck, obwohl mein Pferd nun fast fehlerfrei die ▶Hinterhandwendung beherrscht? Was für ein Freak! Da interessiert sich jemand nicht für die weizenfreie Fütterung meines Sportpferdes? Dieser Mensch ist einfach nicht begeisterungsfähig! Und da möchte tatsächlich jemand nicht zwei Wochen lang Geysire und Isländer kennenlernen? Oder die stolzen Friesen? Oder edle Oldenburger? Oder robuste Norweger? Da möchte also jemand nicht Land und Pferde kennenlernen? Der muss ein intoleranter, engstirniger Kauz sein, ganz im Gegensatz zu dem weltoffenem, vor Neugier getriebenen Pferdemenschen.

Die Urlaubsplanung ist also, wie auch vielfältige Alltagsabsprachen, ein schwieriges Feld, wenn ein Pferdemensch und ein Nicht-Pferdemensch gemeinsam involviert sind. Sind beide für Pferde zu begeistern, ist die Sache einfacher, und der dreiwöchige Treckingritt in Australien kann höchstens am Portemonnaie scheitern. Ansonsten heißt es: Kompromisse finden oder alleine in den Urlaub fahren. Meistens trifft man im Reiterurlaub auf Gleichgesinnte, und so braucht man nicht unbedingt einen Freund oder Partner als Urlaubsbegleitung. Das versprach zumindest der Reiterurlaub auf einem Islandpferdehof in Niedersachsen, welcher ausdrücklich auch für Singles inseriert war. *Während man am Tag zwei Stunden die umliegende Natur auf den töltenden Isländern verbringt, kann man neue Freundschaften schließen und abends den Tag gemeinsam mit einem kühlen Pils ausklingen lassen.* Ich buchte aufgrund dieser verlockenden Vorstellung eine Ferienwohnung für mich und meinen Hund auf diesem Hof und musste dann feststellen, dass sich ansonsten nur Familien mit Kindern angesprochen gefühlt hatten. Ich trank trotzdem ein kühles Pils am Abend, nur halt alleine. Aber alleine ist ja nicht einsam, und außerdem guckte mein Hund mir dabei zu.

Kinder und Ponyhof sind an sich eine gute Kombination – wenn man eines der Kinder ist, und nicht die einzige erwachsene Person, die nicht mit den Kindern verwandt ist. Als Kind war der Aufenthalt auf einem Ponyhof das absolute Highlight meines Mädchendaseins. Ich durfte damals sogar ohne meine Eltern dort Urlaub machen. Wenn meine Eltern gewusst hätten, was ich alles von den älteren Ponyhofkindern lernen würde (dass Zigaretten eklig schmecken, auf Lunge rauchen aber voll cool ist, Camel ein lustiges Kamel auf der Packung hat, aber eigentlich voll out ist, Rocky nicht nur ein Ponyname, sondern auch eine mehrteilige Filmreihe mit fragwürdigem Inhalt ist), hätten sie mich dort garantiert nicht alleine gelassen. Aber Eltern müssen ja nicht alles wissen. Ich kann mich noch an den misslaunigen Reitlehrer erinnern, der mich fragte, ob ich denn mit der Art, wie ich mein Pony aus dem Trab zum Stehen gebracht hatte, zufrieden gewesen wäre. Ich antwortete damals selbstbewusst mit »ja«, woraufhin er mich anschrie, dass meine ▶Parade ja wohl unterirdisch gewesen sei. Damals herrschte noch ein rauer Ton unter den Reitlehrern. Mit Kindern sowie Ponys wurde da nicht zimperlich umgegangen.

Wenn meine Eltern Urlaub in Ungarn machten, nutzte ich die Gelegenheit und nahm an Ausritten durch die Natur teil, trotz hochsommerlicher Temperaturen. Die Pferde schwitzten und lockten Bremsen an, was die rennfreudigen Rösser nervte und sie ein noch schnelleres Tempo anschlagen ließ. Reite ich daheim mit meiner Stute zur Bremsenzeit aus, bekommt sie natürlich ein Ganzkörperdeckchen mit Netzmuster aufgelegt.

Auch bei meinem letzten Ausritt im Ausland machte ich die Erfahrung, dass Pferde und ihre Menschen in Deutschland zumeist einen höheren Komfort genießen als in südlichen Ländern. Strom? Völlig überbewertet. Eine grasgrüne Koppel? Wie denn, wenn das ganze Gras ständig verdorrt! Reithalle, Reiterstübchen und ein mit Sand ausgelegter Reitplatz? Überflüssiger Schnickschnack!

Ich war mit einer guten Freundin auf Kreta und wendete den oben erwähnten Trick an: ich suchte nach Pferdeevents in der Umgebung und meldete mich für einen zweieinhalbstündigen Sonnenuntergangsstrandritt an. Ich konnte einfach nicht anders, denn ein Sonnenuntergangsstrandritt rangiert auf meiner Pferderomantikskala ganz oben. Mehr geht einfach nicht. Ok, eventuell noch der Traumprinz, welcher neben einem her reitet, aber das geht dann schon in Richtung Kitsch. Meine Freundin überlegte, ob sie die Zeit ohne mich in unserer Ferienresidenz genießt, entschloss sich dann aber für einen Anfängerritt.

Ich muss sagen, ich war schwer beeindruckt, dass sie dieses Unterfangen mitmachte, aber ich hatte ihr auch zugesagt, dass wir zwei Tage später eine Fahrradtour machen würden, was natürlich vom Spaßfaktor weit hinter einem Strandritt rangiert.

Dieser Reiterurlaub hat mich nachhaltig beeinflusst. Zum einen, weil es wahnsinnig romantisch war, bei Sonnenuntergang am Strand im gestreckten Galopp an Badeurlaubern vorbei zu preschen, mit fliegenden Mähnen und spritzendem Salzwasser. Mitten am Strand erschien plötzlich ein Tisch für ein Hochzeitspärchen, mit Lampions und von Kerzen umrandet, und die Hochzeitsgesellschaft winkte uns fröhlich zu und knipste fleißig Bilder unserer rasanten Truppe.

Aber nicht nur der Sonnenuntergangsritt hat mich beeinflusst, sondern auch Kristi, die Betreiberin des Reitstalls. Denn Kristi hatte Charisma und einen für Pferdeinteressierte unglaublich interessanten Lebenslauf, den sie mir auf der langen Fahrt von unserer Ferienresidenz zu ihrem Pferdehof erzählte, denn sie redete sehr gern. Sie hatte übrigens auch einen überaus interessanten Fahrstil, der mich an die Fahrten im Breakdancer in meiner Jugend erinnerte.

Ich erfuhr, dass sie Belgierin war, sich in Griechenland verliebt hatte, daraufhin ihren Bürojob kündigte, auf einem Reiterhof in Belgien arbeitete und dann Pferde aus Belgien mit nach Kreta brachte, um zusammen mit ihrem Geliebten den Reiterhof zu gründen. Denn ein Reiterhof war die einzige Touristenattraktion, die es auf Kreta noch nicht gab.

Mittlerweile betrieb sie den Hof alleine, unter Mithilfe von Work & Travel-Personal, also fast ausschließlich jungen Mädels. Ihr absolutes Lieblingspferd verstarb kürzlich, es war ihr überallhin gefolgt und konnte mit dem Strohhalm Kaffee aus ihrer Tasse trinken. Sie zeigte mir ihr riesiges Tattoo der Stute auf ihrem Oberarm. Sie badete gerne nachts nackt im Meer, denn wenn man nachts nackt im Meer badet, dann muss man dem Meer vertrauen. Allerdings ist das nur schön, wenn man es alleine macht oder mit einem Menschen, mit dem man ein romantisches Verhältnis eingegangen ist, und nicht von Fremden überrascht wird. Einmal wurde sie von Meeresschildkrötenschützern vergrault, weil sie durch ihre Anwesenheit wiederum die Meeresschildkröten vergrault hatte. Kristi hatte eine Menge merkwürdiger Klienten, Pferdefreunde sowie pferdeunerfahrene Personen, wie zum Beispiel eine Braut, welche unbedingt in ihrem Brautkleid reiten wollte, was sich jedoch als ziemlich schwierig herausstellte. Ich erfuhr sehr viel mehr über sie als sie über mich.

Allerdings erzählte ich ihr von meinem Vorhaben, bald ein Sabbathalbjahr von meinem Job zu machen. Sie prophezeite mir, dass ich danach nie wieder in meinem Job arbeiten würde. Denn hat man erst einmal ein halbes Jahr lang die Freiheit gespürt und sich mit Dingen beschäftigt, die einem wirklich am Herzen liegen, dann will man nie wieder zurück. Auch sie wollte nie wieder in ihr belgisches Büro. Na, wir werden sehen, ob sie Recht behalten wird! Vielleicht werde ich ja bald meinen eigenen Pferdehof auf Kreta haben.

Zwei angelegte Ohren sagen mehr als tausend Worte
Pferdekommunikation

Herdentrieb

Pferde leben in Herden. Das heißt, Pferde sind soziale Wesen, setzt man sozial mit »sie leben in einer Gemeinschaft« gleich. Pferde leben nicht in Herden, weil sie andere Pferde gerne mögen, sondern weil es nützlich ist, nicht alleine durch die Prärie zu laufen. Die Überlebenschancen sind für den Einzelnen um einiges größer, wenn man sich als Veganer ohne scharfe Zähne oder Schnabel und ohne Krallen in der Menge durch die Wildnis bewegt.

Na klar, denkt man an das domestizierte Hauspferd, scheint das alles ziemlich albern zu sein. Welche Gefahren lauern schon, wenn man den ganzen Tag auf einem eigenzäunten Stück Land rumsteht oder in einem ummauerten Gebäude döst? Aus Menschensicht ist das eine berechtigte Frage, doch betrachtet man seine Umgebung einmal aus der Sicht eines Pferdes, so ändern sich die Dinge gewaltig.

In weit zurückliegenden Zeiten, noch bevor die Dothraki Pferde nutzten, um kriegerisch in das »Game of Thrones« einzugreifen, waren Pferde vollkommen auf sich gestellt. Sie regelten alles selbst, vom Fohlenkriegen über die Nahrungsaufnahme bis zum Hufschmied. Und sie mussten sich selber vor Wildtieren verteidigen, für die sie Beute bedeuteten. Dieses taten sie durch Flucht. Denn Pferde sind Fluchttiere, und Fluchttiere heißen Fluchttiere, weil sie die Flucht ergreifen, wenn sie eine Gefahr wittern. Auch wenn mittlerweile relativ wenig Säbelzahntiger in den deutschen Wäldern herumtollen, wittern Pferde immer noch ständig und überall Gefahren. Dieses evolutionäre Erbe kann einen gemütlichen Ausritt unerwartet ziemlich schnell in eine unangenehme Flucht umschlagen lassen, wenn das Reittier zum Beispiel hinter komisch aussehenden Blättern einen Fleischfresser wittert. Pferde haben vor allem Angst: vor Treckern, vor Kinderwagen, vor Fahnen, vor Wind, vor Fahrradfahrern, vor Hunden, vor dem eigenen Spiegelbild und natürlich vor jedem Erdhügel, der über Nacht eine dezent andere Form angenommen hat. Die kleinste Veränderung verunsichert Pferde und kann zu ungewollten Renngaloppeinlagen führen. Nur, wir dürfen es den Tieren nicht übelnehmen: Es ist alles mit der Evolution erklärbar. Bei Menschen verhält es sich ja ähnlich, wir bauen Fett an unmöglichen Körperstellen an, um den nächsten harten Winter zu überleben.

Wie sieht das Leben in einer Pferdeherde aus? Gesellschaften, Kulturen, Herden und Rudel brauchen bestimmte Regeln, an die sich die Mitglieder solcher Gemeinschaften halten können. Oft wird sogar verlangt, dass diese Verhaltensregeln eingehalten werden. Wir haben dafür ein ausgefeiltes Rechtssystem entwickelt, welches uns ganz klar vorschreibt, wie weit unserer Knallerbsenstrauch über den Maschendrahtzaun des Nachbarn ragen darf, oder wie lange wir wo unsere motorisierten Hilfsmittel zur Fortbewegung abstellen dürfen. Befolgen wir diese Regel nicht, gibt es Knöllchen oder Gerichtsverfahren.

Pferde schreiben ihre Gesetze nicht nieder. Sie kommunizieren ihre Regeln klar und für jedes Herdenmitglied verständlich. Menschen sowie Pferde bewegen sich in Hierarchien. Es gibt immer jemanden, der ganz oben an der Spitze steht, der Leithammel, oder im Pferdefall die Leitstute oder der Leithengst, der oder dem die anderen folgen. Aber auch unter den »anderen« herrscht eine klare Rangfolge. Es ist akribisch geregelt, wer über wem und unter wem steht, und danach bestimmt sich die Reihenfolge, wer wen von der Futterquelle wegjagen darf und wer von wem weggejagt wird. Der, der ganz oben steht, bekommt auch am meisten Futter. Der, der niemanden wegjagen darf, bekommt das wenigste Futter und wird immer dünner. Das ist empirisch belegt. Eine Studie aus Bristol besagt, dass die dicksten Pferde immer die ranghöheren sind. Zumindest wenn es um die Futteraufnahme geht. Ob diese Rangfolge auch in anderen Situationen Gültigkeit hat, wurde nicht erforscht. In Wildpferdeherden ergibt sich dieses Problem meist nicht, da es nicht nur eine Heuraufe gibt, an der man Futter aufnehmen kann, sondern das Gras auf einer großen Fläche wächst, sodass jedes Pferd seinen Platz zur Nahrungsaufnahme beanspruchen kann.

Wilde Pferdeherden haben meistens zwei Leittiere: eine Leitstute und einen Leithengst. Die Leitstute muss die wichtigste Aufgabe der Herde bewältigen. Sie organisiert den gesamten Tagesablauf, sie sucht die ergiebigsten Futterstellen und sie wacht über ihre Herde. Dabei ist die Leitstute nicht unnahbar, sondern der soziale Verbindungspunkt der Herde. Der Leithengst wacht meist etwas abseits über seine Herde und versucht, sie vor Gefahren zu warnen und im Notfall auch vor Angreifern zu verteidigen.

Eine Pferdeherde besteht aus vielen Stuten und einem Hengst. Junghengste werden meist von dem erfahrenerem Macker vertrieben und raufen sich dann zu Junggesellentrüppchen zusammen. So wird Inzucht vermieden. Junge Stuten verlassen irgendwann in Mädelscliquen die Herde. Findet sich ein durchsetzungsfähiger Junggeselle mit guter Genqualität, so darf dieser bei den Mädels bleiben, seinen Junggesellenabschied feiern und fortan seinem Harem dienen.

Wer in einer solchen Pferdeherde der Boss ist, lässt sich nicht unbedingt nach menschlichen Maßstäben an äußerlichen Merkmalen wie Körpergröße oder Schönheit festmachen. Auch Kraft muss nicht ausschlaggebend sein für das verantwortungsvolle Führen einer Herde. Eine Leitstute sollte vorausschauend handeln, die Bedürfnisse ihrer Gefolgschaft befriedigen und lieber Frieden stiften als Aggressionen hervorrufen. So sind die wahren Leittiere der Pferdegesellschaft nicht die Angeber oder Rüpel, denn diese besitzen keine für die Gemeinschaft wertvollen Eigenschaften, und Pferde lassen sich – anders als wir Menschen – nicht so leicht durch vordergründiges Statusgehabe beeindrucken. Ein Hengst, der besonders schön herumtänzeln und eine gute Ausstattung der primären Geschlechtsmerkmale vorweisen kann, beeindruckt nicht automatisch seine Mitpferde.

Auch Pferde besitzen unterschiedliche Charaktere. Nicht jedes Pferd strebt eine hohe Position in der Rangordnung an, aus leicht ersichtlichen Gründen: es ist mega anstrengend, den ganzen Tag auf die anderen Pferde aufzupassen oder sich um deren Bedürfnisse zu kümmern. Da ist es doch viel einfacher, irgendwo im unteren Drittel rumzudümpeln und sich chillig der Nahrungsaufnahme und dem Rumdösen zu widmen.

Aber was ist mit unserem guten alten Hauspferd? Müssen sich die Pferdehofbesitzer ihre Einsteller so zusammensuchen, dass sie jeweils 20 weibliche Tiere und ein männliches zusammenstellen? Sinnvoll wäre es vielleicht, aber daran hält sich natürlich niemand, denn das ist für den Menschen viel zu umständlich. Aus diesem Grund werden entweder gemischte Herden zusammengefasst, oder es wird je eine Stuten- und eine Wallachherde angeboten. Diese Herden entwickeln auch Hierarchien, meistens geht es dann aber leider weniger friedlich zu als in Wildpferdeherden, denen viel mehr Platz zur Verfügung steht, den sie für sich beanspruchen können. Rangeleien und ▶Stutenbissigkeit sind die Folgen. Allerdings unterscheiden sich die Verhaltensweisen verschiedener Herden stark. Viele Faktoren tragen dazu bei, inwieweit die Pferde harmonisch zusammenleben, wie zum Beispiel die Haltungsbedingungen und auch die Charaktereigenschaften der einzelnen Pferde. Die letzte Stutenherde meines Pferdes war geprägt von ständigen Machtkämpfen, in denen mehrere aggressive Stuten um die Vorherschafft kämpften. Nun ist sie in eine Vierer-Mädels-WG eingezogen, mit einer sanftmütigen Leitstute an der Spitze. Was für sie ein echter Segen ist, denn jetzt kann sie sich unbesorgt ihren Lieblingsbeschäftigungen hingeben: Dösen und Fressen.

DER RUF DER FREIHEIT

Beim Anblick einiger topgekleideter Vierbeiner lässt sich nur erahnen, dass Pferde einst wilde, ungezähmte Wesen waren, die ihre Freiheit auskosteten und ein Leben abseits von Dressurvierecken, Reithallen und Glitzerstirnriemen führten. Es ist fast unglaublich, aber wahr, dass Urwildpferde ohne Pferdeheilpraktiker und Huforthopäden überleben konnten, ja, dass sie sich selbst genug waren und den Menschen an ihrer Seite überhaupt nicht vermisst haben.

Zugegeben, die Urwildpferde waren robuster als die meisten heutigen Hauspferde und auch nicht ganz so anmutig, sondern sahen eher kompakt und bullig aus.

Die Entwicklung des Pferdes begann vor 60 Millionen Jahren, als ein fuchsgroßes, bräunliches Wesen namens *Eohippus* durch die Wälder streifte. *Eohippus* hatte noch keine Hufe im klassischen Sinne, sondern vier Zehen an den Vorderbeinen und drei an den Hinterbeinen. Dieser Fuchs wurde immer größer, bis das *Equus* entstand. In Asien entwickelte sich das *Equus przewalskii przewalskii poliakov*, der Einfachheit halber heute Przewalski-Pferd genannt, und weiter westlich das etwas leichter gebaute *Equus prealskii gmelini antonius*, der Tarpan.

Das Przewalski-Pferd hat überlebt und wohnt heutzutage fast ausschließlich in Zoos. Einige von ihnen wurden wieder ausgewildert und leben jetzt in der Mongolei. Den Tarpan gibt es nicht mehr. Dafür aber über 200 verschiedene Hauspferderassen, von denen einige sich ihren Weg in die Freiheit zurückerobert haben und nun in wilden Herden zusammenleben.

Nordrhein-Westfalen hat eine solche Wildpferdeherde zu bieten, die wilden Pferde vom Merfelder Bruch, was ein wenig wie Vorortghetto klingt, allerding ein Naturschutzgebiet in der Nähe der Stadt Dülmen ist. Dort siedelten der Adelige Alfred Franz Friedrich Philipp X. und Herzog von Croy im Jahre 1847 die Dülmener Wildpferdebahn an, die mit Emscherbrücher Pferden, auch Emscherbrücher Dickkopp genannt, bestückt wurde. Diese Emscherbrücher Dickköppe waren einst wildlebend, wurden dann eingefangen und nach dem Verkauf an den Herzog wieder ausgewildert.

Noch heute wird diese Wildpferdebahn von den Nachkommen des Herzogs betrieben, denn sie ist ein richtiger Publikumsmagnet. Gruppen und Schulklassen können sich gegen ein Entgelt durch das Gebiet führen lassen, und wenn sie geduldig genug sind, auch das Herdenverhalten der Tiere beobachten. Aber die eigentliche Attraktion ist das jährlich im Mai stattfindende Zusammentreiben der Jährlingshengste. Da die halbstarken Jungs im Herdenzusammenschluss nur Ärger machen würden, werden sie eingefangen, in eine Arena getrieben und dort versteigert. Damit ist es dann Schluss mit der Freiheit. Sie leben dann ein ganz normales modernes Pferdeleben und dienen als Reittiere.

Für den Event gibt es verschiedene Ticketpreise, die Arena ist ähnlich einem Fußballstadion aufgebaut, mit Steh- und Sitzplätzen. Im Vergleich zu einem Fußballspiel sind diese Karten ein Schnäppchen. Zudem bietet das Spektakel mehr Bewegung und Spannung als die meisten Fußballspiele. Und Bier und Bratwurst kann man dort auch kaufen! Nur kann es sein, dass man anstatt eines Fanbechers einen versehentlich ersteigerten Ponyhengst mit nach Hause nimmt.

Ähnliche Veranstaltungen gibt es auch für ausländische Wildpferde. In Andalusien findet seit 500 Jahren immer am 26. Juni die »Saca de las Quegas« statt, wobei die Wildpferde, also die ganze Stutenherde samt Fohlen, durch das Wallfahrtsdorf El Rocío getrieben werden. Die gechippten Marismas, eine sehr seltene Pferderasse, werden vorher aus dem Nationalpark Coto de Doñana, einem sumpfigen Küstenland und UNESCO-Weltnaturerbe, zusammengetrieben. Die Pferde verbringen eine Nacht in Gefangenschaft, werden gezählt, geputzt und markiert. Außerdem werden ihre Hufe und ihr Schweif gekürzt. Am nächsten Morgen werden die ca. 900 Wildstuten und 300 Fohlen über eine Sandstraße zum Plaza dirigiert. Über eine Lautsprecheranlage segnet der Priester die Pferde, und dann werden rund 200 von ihnen verkauft. Bei einem Preis von 300 Euro für ein Fohlen und 500 Euro für eine Wildstute (und man darf nicht vergessen, es handelt sich hier um gesegnete Pferde!) kann sich diese Art von Pferdezucht nicht wirklich rentieren. Aber Touristen gucken sich das Spektakel gerne an, und mit Touristen lässt sich Geld verdienen.

Weitere europäische Wildpferdeherden leben auf Sardinien und in Rumänien. Wobei Wildpferde nicht immer geschützt, umhegt und gepflegt werden. Oft sind sie den Behörden ein Dorn im Auge, da ihnen nachgesagt wird, sie würden seltene Pflanzen kaputt trampeln, Wasservorräte aufbrauchen und sich unkontrolliert vermehren. In Rumänien fordern Naturschützer deshalb, Kondome an die Wildpferde zu verteilen. Nein, Quatsch, sie fordern natürlich das Abschießen der Tiere im Donaudelta, das ist einfacher als eine Geburtenkontrolle der Tiere.

Aber auch die Mustangs, die legendären Wildpferde Nordamerikas, von denen ein bekannter Vertreter das Pferd Iltschi von Winnetou ist, stellen ein Problem dar. Um 1900 hatte der Bestand dieser wilden Tiere so stark zugenommen, dass sie den Ranchern das Weideland strittig machten. Aus diesem Grund wurden in den folgenden Jahrzehnten Tausende von ihnen geschlachtet und zu Hunde- und Katzenfutter verarbeitetet. Dies wurde jedoch später verboten, und seit 1971 kontrolliert eine staatliche Institution, das Bureau of Land Management (BLM), den Bestand. Dieses Amt versucht andere Tricks anzuwenden, um den Bestand der Mustangs auf einer vertretbaren Quote von 26.000 Tieren zu halten. Das BLM fängt regelmäßig Wildpferde ein, indem es ein zahmes Judaspferd in die Mustangherde schmuggelt, welches die Aufgabe hat, in ein Gatter zu flüchten, wenn die Herde mit dem Helikopter gejagt wird. Die Herde folgt aufgrund des Herdentriebs. Die eingefangen Pferde können dann von Pferdefreunden adoptiert werden, was einer Pferdeauktion gleichkommt, bei der die Mustangs meistbietend versteigert werden. Es besteht die Möglichkeit, die zur Auswahl stehenden Tiere vorher in einer Art Wettbewerb zu begutachten. Alle eingefangenen Mustangs erhalten ein Grundtraining von 100 Tagen, sodass sie als Reittier eingesetzt werden können. Oft finden sich jedoch keine Adoptiveltern, und so werden weitere Maßnahmen wie Kastrieren, Umsiedeln oder doch wieder Schlachten angewendet. Da Pferdefleisch allerdings in den USA verpönt ist, wird das Fleisch nach Frankreich oder Japan weiterverkauft, wo es eine Delikatesse darstellt. Oder die wilden Mustangs landen als Tierfutter in Kanada.

Auch die australischen Vertreter, die Brumbies, werden als Plage eingestuft und deshalb großzügig abgeschossen. Freiheit hat ihren Preis. Die Freiheit des einen schränkt oftmals die Freiheit des anderen ein. Das Wildpferddasein klingt nach dem Ruf der Freiheit, wäre da nicht der Mensch, der seine eigene Freiheit und Bedürfnisse konsequent verteidigt.

Pferd-Deutsch/Deutsch-Pferd

Man kann nicht nicht kommunizieren, besagt das erste Axiom des bekannten Kommunikationswissenschaftlers Paul

Watzlawick. Selbst wenn man keine Wörtersprache benutzt, ist es nicht möglich, nichts über sich auszudrücken. Das Gegenüber wird unsere Mimik und Gestik immer interpretieren, selbst wenn wir überhaupt nichts von uns preisgeben möchten. Ob diese subjektive Interpretation auch der Wahrheit über uns selbst entspricht, ist nicht gesagt. Kommunikation ist vielschichtig und kompliziert. Das wissen wir aufgrund von zahlreichen Erfahrungen aus der zwischenmenschlichen Kommunikation. Sind ein Pferd und ein Mensch beteiligt, so kann kommunikationstechnisch viel schiefgehen. Obwohl Pferde sehr viel deutlichere Kommunizierer sind als Menschen. Doppeldeutigkeiten oder etwas anderes zu sagen, als gemeint ist, sind in ihrem Sprachgebrauch nicht existent. Ein Pferd kommuniziert eindeutig, sodass es für die anderen Herdenmitglieder keine Zweifel gibt, was gemeint ist. Aus diesem Grund sind sie auch gute Coaches, um Schlüsselkompetenzen bei Menschen zu trainieren. Der Mensch bekommt immer eine eindeutige Antwort vom Pferd. Und diese muss nicht immer angenehm sein. Also ist es besser, ein paar der gebräuchlichen Kommunikationsmittel zu verstehen, um nicht von dem Pferd verkloppt oder gebissen zu werden. Denn zwei angelegte Ohren sagen mehr als tausend Worte!

OHREN ANLEGEN: Dieses Kommunikationsmittel lässt sich häufig bei Pferden beobachten. Pferde können ihre Ohren lustig durch die Gegend drehen. Das heißt, sie können nach vorne gedreht, sozusagen gespitzt werden, oder sie drehen sie seitlich, wenn sie meinen, im mittleren Hörbereich Geräusche wahrzunehmen. Drehen sie die Ohren nach vorne, so sind sie aufmerksam. Sie glauben, dort vorne, da passiert irgendetwas Interessantes. Das könnte das Rascheln eines Futterbehälters sein oder andere Pferde oder etwas, was im ersten Moment spannend erscheint, dann aber doch Anlass zur Flucht ist. Wie zum Beispiel die Stallkatze. Legen Pferde jedoch ihre Ohren ganz nach hinten, dann ist das ein Warnzeichen und verspricht bei Missachtung drastische Maßnahmen. Man könnte es übersetzen mit: »Bleib mir bloß vom Leib, Alter!«

HINTERTEIL ZUWENDEN: Nun, sollten unwissende oder gefahrensuchende Menschen oder Tiere die angelegten Ohren missachten, folgen weitere Warnsignale. Das Zuwenden des Hinterteils ist dabei die letzte Warnung, bevor es Kloppe gibt: Das pferdische »Ich schlag dich Krankenhaus!«

HINTERTEIL HEBEN: Oh, oh, jetzt gibt es Ärger. Aber richtig. Ein Pferd wirbelt nach gelber und roter Karte das Hinterteil in die Luft, mit der Absicht, den Gegner ernsthaft zu verletzen. Die Hufe sind hierbei die Waffe, die zur Anwendung kommt. Es wird einer vorn Bug geknallt, und trifft das Tier, so kriegen andere Pferde Dellen, und Menschen Dellen und Flecken in sämtlichen Regenbogenfarben. Eine weitere gefährliche Waffe sind die Zähne der sonst so friedlichen Tiere. Auch diese können zum Einsatz kommen, wenn vorherige Warnzeichen ignoriert wurden. Pferde können sehr fest zubeißen, und so ein Pferdebiss ist nicht wirklich Wellness.

QUIETSCHEN: Ja, Pferde quietschen gerne, vor allem, wenn sie Artgenossen beschnüffeln. Das sieht etwas merkwürdig aus, ist aber ein wichtiges Ritual, um festzustellen, mit wem man es zu tun hat. Pferde halten dabei ihre Nüstern, also Nasen, aneinander und saugen den Duft des Gegenübers auf. Gerade Stuten fangen dann gerne mal an zu quietschen, manchmal schleudern sie auch ihre Vorderbeine in die Richtung des Schnüffelpartners. Meine Stute macht das ständig. Ich nehme an, es heißt sowas wie: »Ich bin voll das zickige Mädchen, hau ab du Blödsack, aber du kannst ja noch ′nen Annäherungsversuch starten, vielleicht darfst du dann das nächste Mal ein wenig näher rankommen. Vielleicht auch nicht. Also, streng dich an! Außerdem bin ich voll die coole Socke. Nur damit du es weißt!«

Eine weitere Maßnahme der Bestands- und Informationsaufnahme über andere Pferde ist das Beschnüffeln des Kots. Hierdurch können sie erkennen, ob es sich um Freund oder Feind handelt, oder ob der Produzent vielleicht sogar zur eigenen Herde gehört. Ach, wäre die Welt einfach, wenn es sich bei den Menschen genauso zutrüge!

Unterlippe nach oben klappen und Zähne zeigen, dabei den Hals in die Luft strecken: Diese Verhaltensweise wird unter Pferdemenschen »Flehmen« genannt. Pferde flehmen, kommt ihnen ein Geruch extrem oder merkwürdig vor. So können sie diesen Duft intensiv aufnehmen und analysieren. Hengste flehmen vor allem, wenn sie eine rossige Stute wahrnehmen, denn diese sondert einen besonders aggressiven Duft ab, welcher dem Hengst eine Belohnung in Form von Geschlechtsverkehr verspricht.

Leises Brummen: Pferde können auch Zuneigung mitteilen. Brummen sie beim Beschnüffeln leise vor sich hin, so geben sie freundschaftliche Liebeserklärungen ab. Die gegenseitige Fellpflege drückt außerdem tiefe Zuneigung und gegenseitiges Interesse aus. Dabei guckt ein Pferd in die eine, das andere Pferd in die entgegengesetzte Richtung, sodass sie mit den Zähnen gut an die Hals- und Rückenpartie des Gegenübers kommen. Nun kratzen sie sich gegenseitig und genießen die Partnermassage.

Oberlippe nach vorne schieben und Hals lang strecken: »Es juckt da, bitte kratzen!« Auch Menschen können diesen Putzservice vollbringen, indem sie mit Bürsten das Fell des Tieres kraulen. Damit der ahnungslose Mensch weiß, wo genau es juckt und das Kraulen besonders angenehm

Was riecht denn hier so gut?

ist, machen Pferde dieses »Putzgesicht«, sobald der Mensch die richtige Stelle erwischt.

AUF DEN RÜCKEN LEGEN UND SICH HIN UND HER DREHEN: Eine weitere Wellnessmaßnahme von Pferden. Das »Wälzen« ist die ultimative Körperpflege. Der Pferdekörper wird dabei mit Matsch benetzt, was, ähnlich einer Schlammpackung, der Haut- und Fellpflege dient und vor widrigen Wetterbedingungen schützt.

SCHNAUBEN: Ist das Pferd zufrieden, ist es satt, wurde es gekrault und juckt es nirgends mehr, herrscht keine reale oder imaginäre Gefahr für Leben oder Futter, dann entwischt einem Pferd manchmal ein zufriedenes Schnauben. Das Schnauben entspricht dem wohligen Seufzen eines Menschen nach einer Doppelstunde Yoga.

MIT DEN HUFEN AUF DEN BODEN STAMPFEN: Ein eindeutiges Zeichen für Ungeduld bei Pferden. Irgendetwas dauert dem Pferd zu lange. Oft ist es das Anmischen des Futters. Denn Pferde haben immer Hunger, da können sie Rumtrödeln des Menschen überhaupt nicht leiden.

WIEHERN: Die lauteste Ausdrucksart von Pferden. Das Pferd, das sich sonst ruhig verhält, um keine Aufmerksamkeit auf sich als Fluchttier zu ziehen, wiehert, wenn es wissen möchte, wo sich seine Artgenossen aufhalten, oder um andere Pferde zu begrüßen. Pferden sind ihre Herden unheimlich wichtig, da sie die Überlebenschancen in den von Raubtieren übersäten ländlichen Gegenden drastisch erhöhen.

MIT DEM SCHWEIF SCHLAGEN: Schlägt ein Pferd mit seinem Schweif durch die Gegend, so ist es genervt. In diesem Fall kann der Störenfried der Reiter sein, der in seiner Art, das

Pferd zu lenken, eher ruppig und grobmotorisch agiert, oder auch eine ungeliebte Fliege, die sich auf dem Pferdeleib niederlässt. Pferde können nicht nur den Schweif, sondern auch bestimmte Hauptpartien bewegen, wenn sie etwas stört. Das ist sehr praktisch und verbraucht weniger Energie, als um sich zu schlagen.

Luft durch die Nüstern pressen: »Achtung, Gefahr! Fertigmachen zum Fliehen!« Wenn ein Herdenmitglied etwas Beunruhigendes erspäht, warnt es die anderen Pferde durch lautes Pressen der Luft durch die Nüstern. Erweist sich die Gefahr für die anderen Pferde als nachvollziehbar, so rennen sie alle los: »Schnell weg hier, ich möchte nicht als Pferdebraten enden!«

Kauen bei jungen Pferden, wenn sie ein älteres Pferd beschnuppern: »Ich bin so niedlich und harmlos, und du darfst mir deswegen nichts antun. Und musst immer lieb und nett zu mir sein.« Ältere Pferde fallen in der Regel auf diese Unterwerfungsgeste rein und beschützen die kleinen Monster.

Tänzeln, der Körper angespannt, die Beine bei jedem Schritt in die Luft wirbelnd: Ein typisches Imponiergehabe. »Guck mich an, ich bin voll geil. So jemand Tolles wie mich hast du bestimmt noch nie gesehen!« Ein Pferd braucht keinen Porsche, um sein Ego zu pushen, es muss nur ein wenig mit seinen Gliedmaßen herumwirbeln.

Stute dreht ihr Hinterteil einem Hengst zu und pinkelt: Auch Pferde haben Sex. Stuten mögen eigentlich keine Pferdemänner, nur einmal im Monat sind sie Hengsten oder auch Wallachen gegenüber sehr aufdringlich, wenn sie ihren Eisprung haben und eine Paarung Aussicht auf Nachwuchs hat. Dann »rossen« sie, was heißt, dass sie den Männern hinterherlaufen, ihnen ihr Hinterteil anbieten und den Hengsten vor die Nase pinkeln, damit diese ihnen aufgrund der Geruchsstoffe willenlos ausgeliefert sind.

Das männliche Tier kann gar nicht anders, als sein Glied auszufahren (das Glied versteckt sich normalerweise in der Bauchhöhle) und auf die Stute aufzuspringen. Pferdemänner fahren ihr Glied allerdings auch aus, um zu pinkeln. Dabei strecken sie Vorder- und Hinterbeine möglichst weit auseinander, damit sie sich nicht anpinkeln. Stuten machen das auch so. Ohne das ganze Ausgefahre, versteht sich.

Etikette bei Equiden

Wer kennt sie nicht, diese unangenehmen Menschen, die in der Öffentlichkeit die Rotze hochziehen, sich am Sack kratzen und dann auch noch an den Fingern riechen, laut furzen oder in ihrer Nase rumpulen. Immer wenn Menschen sich zu einem Rudel zusammenfinden, gibt es ein paar, die irgendwelche Unarten an den Tag legen. Sie benehmen sich nicht nach den Regeln der allgemeingültigen Konventionen, teils aus Gleichgültigkeit, teils um aufzufallen und von den Anderen wahrgenommen zu werden.

Auch bei Pferden spricht der Mensch von Unarten, wenn es um bestimmte Verhaltensweisen geht. Die meisten Pferde stören die Verhaltensweisen ihrer Artgenossen wenig, meist ist es der Mensch, der diese nicht akzeptiert.

Das BOCKEN ist eine weit verbreitete pferdische Unart. Beim Bocken wirft das Pferd sein Gesäß in die Höhe und schwingt es hin und her. Es ist dann nicht einfach für einen Reiter, auf dem Pferd zu bleiben. Aber Menschen sind erfinderisch und nutzen selbst diese Unart für sich, indem sie Rodeo-Wettbewerbe veranstalten, bei denen harte zähe Cowboys und -girls sich darin messen, wer am längsten auf einem wild bockenden und steigenden Mustang verweilen kann. Doch was, wenn das Pferd keinen Bock hat, durchgängig zu bocken? Auch da ist der Mensch erfinderisch. Er schnallt dem Tier einfach einen sehr eng sitzenden Flankengurt um, der dem Tier innere Organe und die Genitalien zusammendrückt. Da so etwas verständlicherweise sehr unangenehm ist, wird das Pferd immer wilder, und das Spektakel für die gaffenden Zuschauer ist perfekt.

Beim STEIGEN wirbelt das Tier seine Vorderbeine in die Luft und hat nur noch Halt auf den hinteren Beinen. Dieses Bild sieht man oft in Westernfilmen, wenn etwas Dynamik in den Plot kommen soll. In den Filmen wiehern die Tiere meistens dabei, so kommt noch mehr Action auf, und es wird angedeutet, dass das Pferd Gefahr wittert. In der Realität steigen Pferde oft im Kampf mit Artgenossen, oder um ihren Reiter loszuwerden. Allerdings wiehern sie nicht dabei.

Das Steigen ist für den Reiter eine sehr gefährliche Unart. Da das Pferd nur mit zwei Beinen Bodenhaftung hat, kann es schnell das Gleichgewicht verlieren. Knallt eine Dreivierteltonne Lebendgewicht auf einen Menschen, kann das schwerwiegende Folgen haben. Meistens für den Menschen.

WEBT ein Pferd, so bewegt es seinen Vorderkörper von links nach rechts, es belastet das linke Bein, dann das rechte Bein und macht dabei eine gleichmäßige, immer wiederkehrende Bewegung mit Kopf und Hals. Es sieht ähnlich einem unterforderten Tiger im Zoo aus. Auch die Motive sind dieselben. Pferde, die weben, langweilen sich. Sie können ihre Bedürfnisse nicht ausleben und suchen sich, wenn sie im Stall stehen, eine Alternativbeschäftigung.

Auch das KOPPEN ist eine Ersatzbeschäftigung moderner gelangweilter Großstadtpferde. Hierbei setzen sie ihr Maul auf die Tür von ihrer Box auf und machen merkwürdige Schluckgeräusche. Es gibt auch Pferde, die ohne Hilfsmittel koppen. Diese werden dann Freikopper genannt, wohingegen man Pferde, die ein Hilfsmittel benutzen, Aufsatzkopper nennt.

Kopper und Weber werden nicht gerne in einer Stallgemeinschaft gesehen, da andere Pferde sich dieses Verhalten abgucken können. Aber wie bei den Menschen kann man sich seine Nachbarn leider nicht immer aussuchen.

PFERDE UND ANDERES GETIER

Wie alle Lebewesen haben auch Pferde Freunde, Feinde und Nutznießer, die sich ihr Leben auf dem Rücken der Pferde verschönern. Alle in einem vereint der Mensch. Allerdings haben auch andere Lebewesen eine besondere Beziehung zu unseren treuen Begleitern, die nicht immer auf gegenseitige Liebe stößt. Vor allem einige Insekten sind sehr an Pferden interessiert, und das auf verschiedene Art und Weise.

Im Spätfrühjahr und Frühsommer, bevor die Weizenfelder abgemäht werden, herrscht in Waldgebieten eine Bremsenplage, die ungestörtes Ausreiten unmöglich macht. Die Weibchen der braunen Insekten stürzen sich auf die Pferdehaut, stechen zu und saugen das Blut der Pferde aus. Dass so ein Aussaugen nicht angenehm ist, kann man sich vorstellen. Die Pferde wehren sich mit Kopfschlagen und Bissen, und sitzt die Bremse in der Nähe des Reiters, hat dieser manchmal Pech und bekommt auch den Unmut des Rosses zu spüren. Kein Wunder, dass hier Reiterläden ihre große Chance wittern, ein wenig Umsatz zu machen. Ganzkörpernetzanzüge für Pferde sorgen dafür, dass unsere Lieblinge ungestört auf der Weide grasen können, und Halbkörpernetze punkten mit einer Sattelaussparung, um den frühsommerlichen Ausritt angenehmer zu machen. Auch Mützchen mit Netzen für die Ohren oder den gesamten Kopf werden angeboten. Wer sich dadurch noch nicht hinreichend geschützt fühlt, kann Bremsenkiller in jeglicher Form als Paste, flüssig, Gel oder Spray auf sein Pferd schmieren. Diese Mittelchen riechen meistens allerdings so streng, dass das Ausreiten allein schon wegen des Gestanks verdorben wird. Es ist also äußerst schwierig, den kleinen Biestern Herr zu werden!

Auch der Blutegel saugt Pferdeblut, allerdings als Nutztier. Seit Jahrhunderten wird der Egel zur Blutentziehung oder zum Aderlass verwendet. Diese Prozedur soll zur Entgiftung beitragen, weiterhin wirken die im Speichel des Egels enthaltenen Substanzen blutgerinnungshemmend, antithrombotisch und gefäßkrampflösend. Er wird medizinisch bei Thrombosen, Venenentzündungen oder auch Entzündungen und Schmerzen, die durch Arthrose entstanden sind, eingesetzt. Die Blutegel werden bei Bedarf von einem Experten in kleinen Schüsselchen mit etwas Wasser zum Stall transportiert und dann dem Pferd an das Bein oder ein anderes krankes Körperteil gesetzt. Dort saugen sie sich voll, und wenn sie satt sind, fallen sie ab und kommen zurück in die Schüssel.

Die Pferdedassel nutzt das Pferd auf eine ganz andere Art. Sie legt ihre kleinen gelben Eier an Stellen ab, an denen sich das Pferd gerne leckt und gut herankommt. Das sind meistens die Innenseiten der Vorderbeine. Nimmt ein Pferd versehentlich und wie von den Dasseln geplant die Eier über das Maul auf, dann wandern die kleinen Eierchen langsam in den Magen des Pferdes. Dort findet der Nachwuchs der Dasseln ideale Bedingungen, um sich zu ernähren und zu gedeihen. Die Baby-Dasseln schlüpfen im Pferdemagen, und das Pferd scheidet die Neuankömmlinge mit dem Kot aus. Und schon haben die Dasseleltern ihren Nachwuchs auf die Welt gebracht, ohne ihn selber austragen zu müssen! Das Pferd spürt von alldem meistens nichts, es sei denn, es befinden sich zu viele Dasseln im Magen, denn das kann zu Koliken führen, was sehr gefährlich für das Pferd sein kann.

Jeder Hunde- oder Katzenbesitzer besitzt eine Zeckenzange oder eine Karte, mit der man die Zecke aus dem Fell des Tieres ziehen kann. Auch die meisten Pferdebesitzer nennen ein solches Gerät ihr Eigen, denn Zecken beißen sich nicht nur gerne an Menschen, Hunden und Katzen fest, sondern auch an Pferden. Für Pferde besteht durch einen Zeckenbiss wie beim Menschen die Gefahr der Borreliose, sodass jeder entdeckte Zeckenbiss überwacht werden sollte. Aber zum Glück bietet der Pferdezubehörmarkt einiges an Abhilfe, von Futter, welches Zecken abhalten soll, über Sprays bis hin zu entsprechenden Medikamenten.

Es versteht sich von selbst, dass Raubtiere wie Tiger oder Löwen die natürlichen Erzfeinde des Pferdes sind, allerdings sind den meisten Pferden die domestizierten Haustiger völlig egal. Einige Pferde nähern sich eher neugierig Stallkatzen und lassen diese sogar auf ihrem Rücken schlafen. Was unter Pferdefreunden Entzücken und massenweise Fotoklicks auslöst.

Auch Hunde und Pferde sind eine gute Kombination. Vor allem, da man den Hund mit in den Stall nehmen kann und den Hund »spazierenreiten« kann. Eine konsequente Erziehung ist dabei sehr von Vorteil, sonst kann so ein Ritt ziemlich unentspannt werden. Der Hund trifft im Stall auf andere Hundekollegen, und so ähnelt so mancher Stall eher einem Hundetrainingsplatz als einem Reitstall. Oder einem Vergnügungscenter für Hunde, denn dort gibt es Tausende von Gerüchen zu erschnüffeln, und garantiert vergisst irgendjemand, das Brot für die Pferde hoch genug zu lagern, sodass der Hund in Ruhe schlemmen kann. Und geklautes Futter schmeckt um einiges besser als zugeteiltes!

Dem Pferd ist so ein Hund relativ egal. Eventuell jagt das Pferd aus Spieltrieb Hunde, die sich auf ihre Weide verirren; was der Hund allerdings nicht als Spiel versteht, sondern eher als Bedrohung und aus Respekt den riesigen Kreaturen lieber aus dem Weg geht.

Pferde schließen sich gerne anderen Weidetieren an, weshalb Ratgeber zu einem weiteren Weidetier als Gesellschafter raten, wenn man sich kein zusätzliches Pferd anschaffen möchte. Ziegen sind eine Möglichkeit, sie sind nicht so groß und total niedlich, aber fressen alles, was irgendwie erreichbar ist. Da kann auch schon mal die Mähne oder der Schweif des Pferdes zum Snack werden, was den modebewussten Pferdehalter vielleicht schockiert.

Rinder sind zwar größer, fressen allerdings die Geilstellen ab. Geilstellen sind nicht die Stellen, die Pferde besonders geil finden, sondern das Gras, welches sie nicht so gerne mögen. So wird die Pferdeweide durch das Rind optimal in Schwung gebracht. Rinder sind nicht so geil auf eine hohe Position in der Rangordnung wie die meisten Pferde, denn in reinen Rinderherden ist die Rangordnung nicht linear wie in Pferdeherden. Dieses führt dann meist dazu, dass das Pferd das Rind unterbuttert. Ausnahmen bilden Kampfrinder.

Vielleicht ist ein Lama oder Alpaka die bessere Wahl? Sie sind im Moment voll in Mode, und ihre Wolle kann Spitzenpreise erzielen, sodass sich der Pferde- und Lamabesitzer etwas dazuverdienen kann. Lamas, die mit Menschen aufgewachsen sind, betrachten diese als Teil der Herde und wollen austesten, wo in der Rangordnung die Menschen stehen, von denen sie umgeben sind. Zeigt einer von ihnen Unsicherheit, wollen sie die

Führung an sich reißen, und das machen sie durch ihre ganz eigene Superkraft, das Anspucken. Erst kauen sie und sammeln die Spucke, dann wird der Rotz mit hoher Geschwindigkeit in Richtung des vermeintlichen rangniedrigeren Herdenmitglieds gepfeffert. Ich durfte dieses Verhalten bei einem Coachingspaziergang beobachten. Die arme Frau, die den spuckenden Rüpel führte, lernte ziemlich schnell, eine erhabenere Körperhaltung einzunehmen, um Toni, dem Lamamacho, zu zeigen, dass sie als Alphaweibchen gut auf die Herde aufpassen würde. Als ich an die Reihe kam, gab ich mir aus Respekt vor Toni sehr viel Mühe. Aufrechte Haltung, wachsames Beobachten der Umgebung, würdevolles Auftreten. Zum Glück konnte ich Toni überzeugen. Sie sehen also, ein Lama ist nicht nur wegen seiner Wolle interessant, sondern lässt sich auch gut als Therapietier für unsichere Führungskräfte oder Menschen, die an ihrem Selbstbewusstsein arbeiten möchten, einsetzen.

Dem Pferd am ähnlichsten ist natürlich der Esel, da die beiden Tiere aus der *Equus*-Familie stammen und sich auch untereinander paaren können. Also sollte man keinen Pferdehengst mit einer Eselstute auf die Weide lassen und auch keinen Eselhengst mit einer Pferdestute alleine lassen, denn dann gibt es höchstwahrscheinlich Nachwuchs. Auch sind Esel um einiges lauter als Pferde, und das Rumgebrülle löst, ähnlich wie das Aufdrehen von Slayer-Songs, bei den meisten Nachbarn Unverständnis und Aggressionen aus.

Erzähl mir nix vom Pferd! – Mit Sprichwörtern um die Pferdewelt

Das Pferd ist aus dem deutschen Sprachgebrauch nicht wegzudenken, es bahnte sich über die Jahrhunderte einen Weg in die Herzen der Menschen und fand so einen Zugang in unsere

Sprache. Viele Sprüche, in denen Begriffe aus der Pferdewelt verwendet werden, benutzen Pferdekenner wie auch völlig Ahnungslose achtlos im alltäglichen Umgang, dabei haben sie einen Bezug zur Reiterwelt, wie folgende Beispiele beweisen.

Ruhig, Brauner!

Eine Redewendung, die dann benutzt wird, wenn jemand dazu angehalten werden soll, einen Gang runterzuschalten. Einen Pferdegang, keinen Autogang; also aus dem Galopp in den Trab wechseln soll und aus dem Trab in den Schritt.

Pferde sind ruhige Tiere und haben eine beruhigende Wirkung auf Menschen. Werden sie jedoch aufgeschreckt durch kleinste Veränderungen in ihrer Umwelt, geraten sie schnell aus der Ruhe. Daher kommt auch der Spruch: »Mach die Pferde nicht scheu.« Für das Fluchttier Pferd kann das abrupte Wechseln der ▶Gangart in den Fluchtmodus lebensnotwendig sein.

Der Spruch »Ruhig, Brauner« stammt aus dem Ring der Nibelungen von Richard Wagner. In der Schlüsselszene werden gefallene Krieger auf Pferden transportiert, wobei ein braunes Ross die Fassung zu verlieren droht. Helmwige versucht das Pferd zu beschwichtigen: »Ruhig, Brauner! Brich den Frieden nicht!«

Das Glück dieser Erde liegt auf dem Rücken der Pferde

Diese Volksweisheit taucht in einem Lyrikband von Friedrich von Bodenstedt auf, einem zu seiner Zeit (Ende 19. Jahrhundert) prominenten deutschen Autoren, und niemand, der den Umgang mit Pferden gewohnt ist, würde ihm jemals widersprechen. Natürlich, wo soll das Glück auch sonst liegen? Da lesen wir Menschen Tausende Glücksratgeber, versuchen uns selbst zu optimieren, um dauerglücklich bis zum Lebensende zu sein – dabei ist es so einfach. Während er sich mit Pferden

Auf's falsche Pferd gesetzt.

beschäftigt, taucht der Pferdemensch in eine Parallelwelt ein und vergisst die komplizierte, ungerechte und oftmals hässliche Welt um sich herum. Dabei ist nicht nur das Reiten der Glücksauslöser, obwohl keiner, der je im gestreckten Galopp mit seinem Pferd über ein geerntetes Weizenfeld galoppiert ist, behaupten würde, es hätte ihn nicht glücklich gemacht – auch der Geruch des Pferdestalls oder des Pferdes selber, das Anfassen und Umhegen der sanftmütigen Rösser, die Natur ringsherum sowie das Treffen mit Gleichgesinnten tragen zum Glücksgefühl bei. Weiter bieten Pferde Trost in sämtlichen Lebenslagen, nicht umsonst ist der Spruch »Pferde sind Gottes Entschuldigung für Männer« (oder in der Abwandlung mit »Verwandte«) sehr beliebt. Also, einfach mal die Welt vergessen und mit ihr alle Verwandten und Männer und ab in den Pferdestall!

Einem geschenkten Gaul schaut man nicht ins Maul

Einem nicht geschenkten Gaul schon. Bevor man sich entschließt, einige Tausend Euro auszugeben, lässt man das Pferd ordentlich durchchecken. Pferde sind Lebewesen, und Lebewesen sind besonders anfällig für irgendwelche Macken. Nun gut, einen Gebrauchtwagen sollte man auch lieber einmal durchchecken lassen, bevor man ihn kauft. Vor dem Pferdkauf wird oft eine Pferdeankaufsuntersuchung vom Tierarzt durchgeführt. Diese nennt man abgeleitet vom Gebrauchtwagenkauf auch »Kleiner TÜV« und »Großer TÜV«. Der Kleine »TÜV« ist eine Standarduntersuchung, bei der das Pferd abgehört, der Kot des Tieres überprüft und sichergestellt wird, dass das Ross nicht lahmt, sondern alle Bewegungsabläufe in Ordnung sind. Weiterhin wird in das Maul geschaut, wobei neben möglichen Krankheiten auch das ungefähre Alter des Tieres bestimmt werden kann. Bei einem Großen »TÜV« werden zusätzlich Röntgenbilder gemacht. Die Kosten variieren zwischen 100 und 1.000 Euro. Schon zu Zeiten der alten Römer wurde Pferden ins Maul geschaut, um nicht übers Ohr gehauen zu werden. Allerdings galt es auch damals als verpönt, Geschenke zu bemängeln, sodass geschenkte Gäule auch ohne »TÜV« angenommen wurden.

Auf dem hohen Ross sitzen

Nicht jeder konnte sich in früheren Zeiten ein Pferd leisten. Dazu waren die Schlachtrösser der Ritter besonders hochgezüchtet, sodass Ritter auf einem hohen Ross saßen.

Wer auf einem Pferd sitzt, kann auf andere Menschen herabschauen und strahlt eine gewisse Macht, vor allem aber Arroganz aus. Reitern sagt man oft nach, dass sie hochnäsig und versnobt seien. Und natürlich gibt es sie, diese Reiter, die sich für etwas Besseres halten. Aber man sollte nicht verallgemeinern. Nie.

Auf alten Pferden lernt man das Reiten

Der analoge Spruch zu: »Auf alten Schiffen lernt man segeln«. Beide Behauptungen wollen durch die Blume sagen, dass es von Vorteil sein kann, seine ersten sexuellen Abenteuer mit einem erfahrenen und eben auch älteren Partner zu erleben.

In der Pferdewelt besagt dieser Spruch, dass ältere Pferde gut für Reitanfänger geeignet sind. Ältere Pferde haben meist ein ruhigeres Wesen als jüngere und stehen den Fehlern unsicherer Reitanfänger toleranter gegenüber. So herrscht in Reiterkreisen die Faustregel: »Unerfahrener Reiter – altes Pferd; erfahrener Reiter – junges Pferd«.

Jemanden an die Kandare nehmen

Nimmt man jemanden an die Kandare, dann schränkt man dessen Freiheit ein, auch zur Strafe. Der Spielraum ist beeinträchtigt und der Umgangston ruppig. Im Pferdesport ist die Kandare ein Gebissstück mit Hebelwirkung, welches, wenn der Reiter grob mit einem Pferd umgeht, zu Schmerzen im Maul des Pferdes führen kann. Man sagt auch, das Gebiss ist scharf, es hat also eine große Wirkung, ist fein zu dosieren und nur von fortgeschrittenen Reitern zu nutzen.

Da bringen mich keine zehn Pferde zu/hin

Dieses Sprichwort drückt die kompromissloseste Form der Ablehnung aus. Kutschen und deren Zugtiere waren einmal die Porsche und BMW von heute. Wer im 18. Jahrhundert ein Fuhrwerk mit zwei Pferden als Zugtiere besaß, war gut situiert. Vier Zugtiere waren eine mächtige Kraft und ein Sechsspänner etwas, was nur den Reichen vorbehalten war. Zehn PS sind auch heute noch etwas sehr Außergewöhnliches. Aber selbst ein Zehnspänner hat nicht die Kraft, um jemanden für eine Sache zu begeistern.

Eine weitere Theorie besagt, dass ein mittelalterlicher Bräutigam sich nicht zu seiner Braut aufmachen wollte, obwohl ihm zehn Pferde versprochen wurden, wenn er sie zur Frau nimmt.

Jemand zum Pferdestehlen

Egal ob Fischkopf, Parship oder Tinder: in sämtlichen Partnerbörsen wird jemand »zum Pferdestehlen« gesucht. Warum zieht man nicht einfach alleine los und stiehlt ein Pferd? Na, weil es nicht darum geht, dass man am Ende ein Pferd hat, sondern um die gemeinsam durchgeführte Aktion. Theoretisch könnte man auch jemanden »zum Kaffeetrinken« suchen. Aber Kaffeetrinken ist nicht verboten, Pferdestehlen schon. Der Reiz liegt im Verbotenen. Und sind die Hormone eh schon ganz nach oben gepusht, vom Verliebtsein, dann kann man auch gleich kriminell werden und ein, zwei Pferde stehlen. Und vielleicht noch einen Kleinwagen dazu. Wichtig dabei ist, dass man sich auf den Komplizen hundertprozentig verlassen kann, denn im Mittelalter wurde Pferdediebstahl sehr hart bestraft, mitunter mit dem Leben.

Das Pferd von hinten aufzäumen

Jemand, der ein Pferd von hinten aufzäumt, macht alles falsch. Anstatt den ersten Arbeitsschritt zu bewerkstelligen, vollzieht er den letzten zuerst. So, als würde der Autor zuerst das Ende seines Romans schreiben und dann Schritt für Schritt zum Anfang gelangen. Auch ein Pferd von hinten aufzuzäumen macht wenig Sinn. Das Pferd hätte dann das Zaumzeug, oder wie der Reiter neumodern sagt: die Trense am Po kleben. Und wenn sie dort klebt, dann wird es schwierig mit dem Lenken. Oder in Reitersprache: ▶Hilfen geben.

Aufs falsche Pferd setzen

Setzt man auf das falsche Pferd, dann hat man eine Sache falsch eingeschätzt. Man hat sich auf Menschen, Pferde oder Vermutungen verlassen, die dann doch nicht den gewünschten Output lieferten. So wie bei einem Pferderennen, wo man nie genau sagen kann, welches Pferd gewinnen wird. Man kann hier viel Geld verlieren, aber auch viel Geld gewinnen. Und außerdem kommt es ja auch gar nicht darauf an, sondern Hauptsache der Hut sitzt.

Ich habe schon Pferde kotzen gesehen

Pferde können nicht kotzen. Also benutzt man diesen Spruch, wenn man ausdrücken möchte, dass Dinge machbar sind oder Begebenheiten zutreffen könnten, obwohl die Wahrscheinlichkeit sehr gering ist. Alles ist möglich, denn ich habe das Unmögliche schon einmal gesehen: ein Pferd hat gekotzt.

Pferde haben einen relativ kleinen Magen mit nur einer Kammer, an deren Ende sich ein Ringmuskel befindet, der anders als bei dem Wiederkäuer Kuh dafür sorgt, dass einmal in den Magen gelangtes Essen nicht wieder hinauskann. So ist es für ein Pferd sehr gefährlich, sich zu überfressen oder unangemessenes Futter zu verschlingen. Das kann zu Koliken führen, und Koliken können für Pferde sehr schnell tödlich enden.

Grinsen wie ein Honigkuchenpferd

Ein Honigkuchenpferd ist ein Honigkuchen in Form eines Pferdes. Honigkuchen ist süß, und Zucker verbinden viele Menschen mit Freude. Pferde sind ein weiterer Faktor für vollkommenes Glück. Kein Wunder, dass ein grinsender und glücklicher Mensch seit dem 19. Jahrhundert durch diese Redewendung mit einem Honigkuchenpferd verglichen wird.

Ich glaub, mich tritt ein Pferd

Man benutzt diesen Ausspruch, wenn Dinge so unglaublich sind, dass man ihren Wahrheitsgehalt anzweifelt. So ein Pferdetritt kann einen schon mal aus seinen Träumereien reißen und zurück auf den Boden der Tatsachen bringen. Wer jemals von einem Pferd getreten wurde, weiß, welche Kraft hinter einem schwungvollen Pferdebein stecken und welche Auswirkungen der Tritt eines Pferdes auf den menschlichen Körper haben kann.

Ein Pferdegebiss haben

Sagt man einem Menschen nach, er habe ein Pferdegebiss, so ist das wahrlich kein Kompliment. Nein, Menschen, die ein Pferdgebiss haben, tauchen eher bei RTL2-Formaten wie »Extrem schön« auf, wo es um schönheitschirurgische Eingriffe geht, als bei »Germany's next Topmodel«. Bei einem Pferdegebiss ist die hervorstehende Zahnpartie im Gesicht der Hingucker. Im Reiterjargon wird das Mundstück der Trense Gebiss genannt, welches allerdings im Pferdemaul platziert wird und nicht offensichtlich für den Betrachter ist. Weiter haben Pferde ein Gebiss, welches zwar groß, aber nicht sichtbar ist, es sei denn, das Pferd flehmt (es schiebt seine Nüstern lustig nach oben, um Gerüche besser aufnehmen zu können).

Pferde kotzen sehen

Schlammfarben mit einem Hauch von Glitzer
Pferdehaltung und -pflege zwischen Glamour und artgerecht

Home sweet home

Einen Stall für ein Pferd zu finden ist eine einfache Angelegenheit.

Ha, das denken Sie doch nicht wirklich, oder? Blicken Sie einmal auf Ihre letzte Wohnungssuche zurück. Da haben Sie auch nicht die erstbeste genommen, oder? Das Bad sollte ein Fenster haben. Und die Wohnung einen Balkon. Und sie sollte auf keinen Fall an einer vielbefahrenen Straße gelegen sein. Und teuer auch nicht. Und am besten liegen Schule, Kindergarten, Einkaufsladen und Cafés sowie andere Vergnügungsstätten in unmittelbarer Nähe. Aber bitte keine Disko! Zu laut!

Sehen Sie, wieso sollte das beim Dach über einem Pferdekopf anders sein? Jedes Pferd hat andere Bedürfnisse. Vor allen Dingen aber sind die Bedürfnisse ihrer Besitzer ausschlaggebend. Und die haben sehr unterschiedliche Vorstellungen von dem, was für ihren Liebling das Richtige ist.

Zum einen ist natürlich das Budget wichtig. Menschen können unterschiedlich viel Geld für die Unterbringung ihres Pferdes ausgeben. Den meisten Pferdemenschen ist es allerdings wichtiger, dass ihr Pferd alle Annehmlichkeiten hat, die es vermeintlich braucht, als dass sie selber im Biomarkt einkaufen oder mit einem Neuwagen durch die Gegend fahren. Preise von Pferdeställen variieren natürlich mit der Ausstattung und mit der Region. Stadtnah ist teurer. In Städten, in denen Menschen mehr Geld für ihre Wohnungen ausgeben müssen, wie zum Beispiel Hamburg oder München, müssen die Pferdebesitzer auch mehr Geld für die Unterbringung ihres vierbeinigen Lieblings hinblättern.

Geht es um die Ausstattung, sollte sich der Pferdemensch bei der Stallsuche ähnlich wie bei der Wohnungssuche eine Prioritätenliste machen. Das heißt, es wird überlegt, was man unbedingt braucht, was schön wäre, aber kein Ausschlusskriterium ist, und was man getrost weglassen kann. Nicht jeder braucht zum Beispiel eine vollautomatische Führanlage. Diese ist vergleichbar mit einem Karussell, das seine Runden dreht. Wenn man das Pferd dort anbindet, muss man nicht mehr selber reiten. Eine praktische Erfindung. So ein Pferdekarussell war verantwortlich für den teuersten Pferdehaftpflichtversicherungsschaden, den meine Stute verschuldet hat. Sie lief nicht mit, sondern gegen den Strom (voll Punk) und machte so das ganze Gerät kaputt.

Einige Reiterhöfe bieten sämtlichen Service, von mehreren Reithallen bis hin zu Solarien, sind allerdings an einer Hauptverkehrsstraße im Industriegebiet gelegen. Das ist auch nicht jedermanns Sache.

Die Selbstversorgung ist die günstigste Variante in Bezug auf den Service. Hier hat der Pferdefreund allerdings, wie der Name impliziert, sehr viele Dinge selber zu erledigen und kann eigentlich auch keinen Job ausüben. Er ist von morgens bis abends mit der Verpflegung seines Pferdes beschäftigt. Bei der Halbpension wird meistens die Fütterung von den Stallbesitzern übernommen, der Besitzer muss das Pferd aus dem Stall auf die Weide oder auf den Paddock bringen und wieder zurück und den Stall ausmisten. Hier gibt es keine Vorschriften, jeder Hof definiert seine Leistungen und Nicht-Leistungen selbst, sodass es nicht immer einfach ist, sich einen Überblick zu verschaffen. Denn Leistungen, die rund um das Pferd außerhalb des täglichen Fütterns und Bewegens anfallen, lassen sich einige Höfe gerne extra berechnen, wie zum Beispiel das Pferd dem Hufschmied oder Tierarzt vorstellen, sollte der

Pferdebesitzer mal keine Zeit haben, oder dem Pferd eine Decke auflegen, bevor es nach draußen geführt wird. Am angenehmsten für den Pferdefreund ist die Vollpension, ähnlich wie bei der Vollpension im Hotel. Doch bei dem Pferdehotel geht es nicht nur um das Fressen, sondern es werden meistens alle anfallenden Arbeiten übernommen, und der Besitzer muss nur auf dem Hof erscheinen, um sein Pferd zu putzen und zu satteln und dann loszureiten.

Die meisten Gedanken macht sich der Pferdemensch über die jeweilige Haltungsform. Soll mein Pferd in einen Offenstall oder in eine Box einziehen? Wie wird der Auslauf organisiert? Was wird gefüttert? Und wie? Und wie oft? Steht es auf Spänen oder Stroh? Wird ▶Matratzenhaltung praktiziert oder täglich ausgemistet?

Dabei hat sich die Welt der Pferdehaltung seit meiner Jugend sehr verändert. Natürlich, alles ist im Wandel, die Welt verändert sich ständig, wir wussten, als wir klein waren, auch noch nichts von Wellness und falschen Fingernägeln, wir hatten keine Ahnung von glutenfreier Ernährung, es gab noch keine Veganer, und Zähne wurden mit Amalgam gefüllt. Es herrschte ein rauer Ton in unserer Welt. Bei der Pferdehaltung war es ähnlich. Man stellte sein Pferd einfach irgendwo beim Bauern auf die Weide oder band es in einem ▶Ständer an. Auch wurden sich keine weiteren Gedanken über den täglichen Freilauf der Tiere gemacht. Sie standen im Stall, wurden geritten und kamen dann wieder zurück in den Stall. Gefüttert wurden Heu und Hafer, und ihre Unterkunft wurde mit Stroh ausgelegt. Es gab keine Holzspäne für Allergiker, keine Salzlecksteine für die Elektrolyte und keine Spielzeugbälle zur Beschäftigung in den Ställen.

Mittlerweile ist ein Stall ohne täglichen Auslauf Barbarei, und Ständer wurden abgeschafft. Entweder ein Pferd ist ganz draußen und hat einen Stall, in den es ständig selber rein- und rauslaufen kann (Offenstall), oder es lebt in einer Box (einem begrenzten Raum, in dem es etwas laufen kann, wobei die Größe dieses Raumes nach der Formel (▶Stockmaß x 2)² berechnet wird). Ganz neu sind Aktivställe. Hier bekommt jedes Pferd einen Chip umgehängt. Auf diesem Chip sind sämtliche Daten des Pferdes einprogrammiert, vor allem was es zu fressen bekommt und in welchen Mengen. Die Pferde laufen rum und können die Futterstation betreten, wann sie wollen. Durch ein Selektionstor merkt sich die Fütterungsanlage, mit welchem Pferd sie es gerade zu tun hat und gibt dem Pferd dann eine Portion seiner täglichen Essensration. Die meisten Pferde betreten die Futterstation oft, doch nur die ersten Male sind von Erfolg gekrönt. Wenn sie ihre tägliche Ration verputzt haben, sperrt die Futterstation, und sie bekommen nichts mehr. So verfügt jedes Pferd über seinen ganz individuellen Ernährungsplan. Die meisten Menschen essen einfach, wenn sie Hunger haben, und keine Maschine, kein Computer schiebt ihnen bei einer zu hohen Kalorienzufuhr den Riegel vor. Vielleicht sollten wir aus der Pferdewelt lernen. Doch wer möchte schon, dass sein Kühlschrank bei einem akuten Anfall von Schokoladenverlangen den Zugriff verweigert?

Grundsätzlich leben Pferde gerne in Herden, das entspricht ihrer Natur. So wäre es nur logisch, alle bestehenden Pferdeställe in Aktivställe umzuwandeln. Nur hat nicht jeder den Platz und das Geld, um den Pferden eine moderne Freilaufanlage mit genügend Rückzugsmöglichkeiten anzubieten. So erklärt sich von selbst, dass auch bei Aktivställen oft der Schein heller strahlt als das Sein. Aktivställe sind nicht immer das Pferdeparadies und vor allem nicht für jedes Tier geeignet. Größere Herden können für rangniedrige Tiere sehr viel Stress bedeuten, wenn diese nicht genug Rückzugsgebiet haben und von den ranghöheren Tieren verdrängt werden. Gerade alte Tiere werden gerne mal ausgegrenzt. Schließlich stellen sie eine Gefahr für die Herde dar, da sie in freier Wildbahn leichte Beute wären und dort nicht lange überleben würden.

Es gibt sie also nicht, die einzig richtige Lösung. Jedes Pferd und jeder Mensch ist anders. Der Eine fühlt sich in einer Hochhaussiedlung mit hundert Parteien in seiner 40-Quadratmeter-Wohnung wohl, der Andere braucht einen Resthof im Grünen. Und ein alter Mensch hat keinen Bock, in einer WG mit Studenten zu leben. Da mein Pferd mittlerweile Omi ist, habe ich für sie eine Vierermädels-WG mit Offenstall vorgezogen. Ihr Zusatzfutter bekommt sie außerhalb der Herde, sodass sie keine Angst haben muss, dass ihr eines der anderen Pferde das Futter wegfrisst. Denn das ist natürlich das Wichtigste. Deswegen wohne ich auch nicht mehr in einer WG, sondern alleine und bin mir sicher dass das, was ich in den Kühlschrank reingetan habe oder in meiner Küche rumliegt, auch noch da ist, wenn ich Hunger drauf bekomme. Es sei denn, mein Hund hat es vorher gefunden.

SHINE LIKE A DIAMOND

Pferdebesitzer machen sich viele Gedanken um die artgerechte Haltung ihrer Lieblinge, andererseits behängen sie ihr Pferd mit glitzernden und blinkenden Pferdeaccessoires, dass man meinen könnte, es wurde ein Weihnachtsbaum geschmückt. Ob das so glitzernd ausgestattete Pferd einen schmucken Strasssteinstirnriemen oder eine pinke Schabracke mit Gold abgesetzt und seinem eigenen Namen draufgestickt braucht, um glücklich zu sein? Legt ein Pferd Wert darauf, dass diese pinke Schabracke auch zu den pinken Bandagen und dem lustigen pinken gehäkelten Fliegennetz für die Ohren passt? Wohl kaum.

In der Wildnis legen Pferde nicht besonders viel Wert auf ihr Aussehen, ein rosa geschmücktes Tier würde zu sehr auffallen und womöglich Raubtiere anlocken. Im besten Fall nimmt das Pferd nicht wahr, dass sein Reiter es zu einer blinkenden

Zielscheibe der wildernden Umwelt gemacht hat und erträgt gleichmütig den modischen Fehlgriff seines Reiters. Und wenn das farblich abgestimmte Outfit immerhin einen der beiden Partner glücklich macht, hat es vielleicht doch seine Berechtigung.

Um all das nütze und unnütze Gedöns sicher aufzubewahren, bieten viele Pensionsställe für Pferde riesige zu Sattel- und Zubehörschränken umfunktionierte Bundeswehrschränke zur Untermiete an. Diesen kann die Pferdefreundin nach Belieben füllen und zu einem Schmuckkästchen des Pferdezubehörs umfunktionieren. Öffnet man es, blinkt und glitzert es dem Betrachter nur so entgegen, dass man meinen könnte, es handele sich um Aladins Schatzkammer.

Dabei sieht das wertvollste Zubehör im Schrank eher unscheinbar aus: der Sattel. Dieser ist meistens braun oder schwarz, bunte Exemplare sind rar und nur bei den unerschrockensten Regenbogenfarbenanhängern unter den Reitern zu finden. Der Preis, den der Reiter für den passenden Sattel zahlt, übersteigt oftmals die Beschaffungskosten für das Pferd. Natürlich gibt es Billigmodelle, die ein paar Hundert Euro kosten, aber möchte man Qualität, und das will der gute Reiter, muss man mit vierstelligen Beträgen rechnen. Deswegen sollte der Sattel nicht unabgeschlossen in Ställen rumliegen. Einige Reiter mussten die schmerzliche Erfahrung machen, dass ihr Markenmodell bei einem Einbruch entwendet wurde, wohingegen der Nachbar mit dem No-Name-Sattel mehr Glück hatte und verschont blieb. Traurig aber wahr, kriminelle Banden spezialisieren sich auf gewinnbringende Beute, um gezielt die Gegenstände mitzunehmen, die sich schnell und unkompliziert in bare Münze umwandeln lassen. Deswegen werden mehr Sättel gestohlen als Pferde.

Das große Problem beim Sattelkauf ist, dass der Sattel dem Pferd *und* dem Reiter passen muss. Pferde haben sehr unterschiedliche Rücken, und der Körperbau des Pferdes verändert sich mit zunehmendem Alter (eigentlich logisch, wir Menschen können ja auch meist nicht ein Leben lang Kleidergröße 38 tragen), sodass ein Sattel, der zunächst gepasst hat, irgendwann auf dem Pferderücken drücken kann. Dann braucht man einen neuen, oder man verändert den Sattel so, dass er wieder passt. Oder man kauft gleich einen baumlosen Sattel. Baumlose Sättel sind im Moment der große Hit, diese sollen sich durch das Fehlen des Baums besser dem Pferd anpassen. Ein Baum ist natürlich kein ganzer Baumstamm, sondern eine Holz-, Fiberglas- oder Aluminiumkonstruktion im Inneren des Sattels, welche ihm Stabilität geben soll. Der Baum schränkt natürlich die Anpassungsfähigkeit des Sattels ein.

Der Sattelkauf ist also ein großes Ereignis, ähnlich dem Kauf eines Hochzeitskleides, da kann man schon ein wenig Zeit, Geld und Mühe investieren. Ist dann der passende Sattel gefunden, wird das Ereignis gerne mit einer Pulle Sekt im Stall gefeiert.

Einige Reiterinnen besitzen gleich mehrere Sättel für ihr Pferd, um je nach Gelegenheit den geeigneten zu verwenden. Zum Springen den Springsattel, zum Dressurreiten den Dressursattel oder im Gelände den Vielseitigkeitssattel. Sattel ist also nicht gleich Sattel, der Westernsattel zum Beispiel ist nicht nur zahlreicher verziert als die Sättel für die englische Reitweise, sondern lässt den Reiter auch ganz anders auf sein Pferd einwirken.

Rund um die Sattelindustrie haben sich diverse Dienstleistungszweige entwickelt, die sich auf die Vermessung, Anpassung und Beratung des richtigen Sattels spezialisiert haben. Neben Finanzierungsangeboten bieten einige Sattelexperten auch das Sattelleasing an, was dem Pferdefreund die Möglichkeit eröffnet, den jeweils passenden Sattel für eine Leasingrate zu nutzen. So entfällt der mühsame Sattelkauf.

Unter dem Sattel befindet sich eine Satteldecke, welche in Farbe und Form erheblich variieren kann. Hier darf sich der

Pferdefreund so richtig austoben. Die häufigste Form ist die Schabracke. Und damit ist keine alte Stute gemeint, sondern eine Satteldecke in Kastenform. Diese Form bietet am meisten Fläche für modische Highlights und ist deswegen die beliebteste Satteldecke unter den Reiterinnen. Es gibt sie in allen möglichen Farbkombinationen, mit viel Glitzer und Stickereien. Gerne wird der Pferdname in die Schabracke eingestickt und manchmal auch der Name des Reiters. Ähnlich wie bei »Kevin-Horst fährt mit«-Stickern auf Autos. Der Betrachter weiß dann Bescheid.

Der Kopf des Pferdes ist eine Hochburg für sämtliches Gedöns und Geschnüre. Die einfachsten Konstruktionen sind die Halfter, die im Regelfall benutzt werden, um ein Pferd zu führen, das heißt mit einem Pferd an der Leine durch die Gegend zu laufen. An einem Halfter ist oft ein Strick befestigt. Halfter gibt es in allen Farb- und Designkombinationen. Oft glitzern sie, und manchmal ist der Name des Pferdes in das Halfter eingestickt. Kletttechnik ermöglicht es, Stickerei-Verzierungen zu wechseln, wie bei dem Dreierset mit Halftersprüchen, welches ich neulich beinahe für meine Stute gekauft hätte. Es beinhaltet die Klettsprüche »Girlpower«, »Miss Sunshine« und »Angel« und ist das Pendant zu den Spitznamen an Hundegeschirren wie »Kampfschmuser«, »Wunschkind«, »Macho« »Blondenführung« oder »Herzensbrecher«. Ansonsten sind Motive wie Herzchen, Möhren oder Zebrastreifen gerade *in*. Hier ändert sich jedoch die Mode, das Karottenhalfter und die Karottenhose sind nun mal nicht zu jeder Saison und in jedem Jahrzehnt der neueste Schrei.

Verstärkungen aus weichem Fell im Genick- und Nasenbereich sind mittlerweile oft üblich, damit der Tragekomfort für das Pferd erhöht wird. Es gibt aber auch einfache Strickkombinationen oder auch Halsriemen, für eher praktisch orientierte Pferdeleute (auch oft von Wanderreitern verwendet). Wer edel wirken möchte, kauft ein Lederhalfter. Hier lässt sich der Name des Pferdes gut auf eine in das Leder eingelassene Metallplatte eingravieren. Sie merken schon, Namen sind in der Pferdewelt nicht nur Schall und Rauch.

Der Strick, die Hundeleine für das Pferd, sollte farblich zum Halfter passen. Länge und Beschaffenheit des Materials sollten den Bedürfnissen des Pferdeführers angepasst sein. An diesen Seilen sind entweder Karabinerhaken oder Panikhaken für die Befestigung am Halfter angebracht. Panikhaken haben die Besonderheit, dass sie sich in Paniksituationen besonders schnell öffnen lassen. Westernpferde werden als weniger schreckhaft angesehen, also greift die Westernreiterin eher zu einem Strick mit Karabinerhaken.

Komplizierter wird es bei der Kopfkonstruktion zum Reiten. Diese wird im Volksjargon oft Trense genannt, streng betrachtet ist es allerdings eine Art Lego-Baukastensystem aus einer Trense, einem Reithalfter, einem Mundstück (wenn nicht gebisslos geritten werden soll) und Zügeln. Man ahnt, dass diese Konstruktion, einmal auseinandergebaut, nur vom Experten wieder sachgerecht zusammengefügt werden kann. Das macht die Pflege des Leders (hier gibt es natürlich diverse Pflegeprodukte, üblicherweise bestehend aus einer Seife und einer fetthaltigen Pflegemasse) kompliziert.

Der Stirnriemen ist die Spielwiese der experimentierfreudigen Reiterin, wobei es ausschließlich um Fashionaspekte geht. Während früher die Stirn des Pferdes mit bunten Karos oder geflochtenem Leder geschmückt wurde, greift die Reiterin von heute zu Glitzer. Mittlerweile sind kaum noch andere Stirnriemen als solche mit Glitzer erhältlich, sodass mein alter blau-weißer Stirnriemen auffällig und besonders wirkt und bei Mitreiterinnen Neid auslöst. Leider löst sich das Teil langsam in seine Bestandteile auf, und ich muss mir überlegen, ob ich zu einem normalen Glitzerband für circa 50 Euro oder zu einem mit Swarovski-Steinen bestückten für circa 100 Euro greife.

Gut vorbereitet für die Nacht.

Fliegenmützen oder auch -hauben decken die Pferdeohren ab und schützen sie gegen Fliegen, haben aber durch die schmückende Häkeleinheit für die Stirn auch einen modischen Nutzen. Diese Häkeleinheit ist manchmal bestickt (Name des Pferdes, des Reitstalls, das Zuchtgebiet des Pferdes oder die Initialen der Reiterin), und manchmal sind an der Häkeleinheit noch Bommel befestigt. Das Ganze sieht meist aus, als hätte das Pferd einen Topflappen auf dem Kopf. Pink wird immer gerne genommen, aber auch alle anderen Farben und Muster sind erhältlich.

Zur Weihnachtszeit lässt sich der Reiter das Dekorieren seines Lieblings nicht nehmen, und so wird der Topflappen gerne durch eine lustige Weihnachtsmütze ausgetauscht. Es gibt sie als klassische Weihnachtsmütze oder als Rentiergeweih, sodass Reiter und Pferd im Partnerlook auftreten können. Wem das noch nicht genug ist, der kann die passende Weihnachtsdecke und passende Weihnachtsbandagen für sein Pferd besorgen.

Pferdedecken gibt es in unterschiedlichen Farben, Mustern, Denierzahlen, Füllungen und aus diversen Materialien, je nachdem was für einen Zweck sie erfüllen sollen und welchen modischen Geschmack der Pferdedekorierer hat. Eine Regendecke soll das Pferdefell davor bewahren, nass zu werden. Eine Fliegendecke ist leider kein fliegender Teppich für Pferde, sondern hält Fliegen ab. Neuerdings haben diese vor allem Zebramuster, da Fliegen davon irritiert sein sollen und sich nicht auf das verkleidete Pferd niederlassen. Praktisch, modisch und karnevalgeeignet – also ein echtes Muss für den Pferdefreund.

Bei Outdoordecken muss unbedingt auf die Denierzahl geachtet werden. Denier ist eine Maßeinheit, welche die Fadendichte eines Stoffes misst. Decken mit einer hohen Denierzahl gehen weniger schnell kaputt als Decken mit einer niedrigen Denierzahl. Gerade Wallache rangeln gerne und achten dabei nicht darauf, die neue Outdoordecke schmutz- und rissfrei zu halten. Viele Pferdefreunde deponieren Nähutensilien im Stall, so kann im Notfall schnell Abhilfe geschaffen werden. Die meisten Pferdebesitzer besitzen allerdings mehrere Pferdedecken, damit sie immer abwechselnd eine Decke auf dem Pferd belassen und die andere Decke in die Nähstube bringen können. Auch Fütterungsgrade spielen bei Pferdedecken eine Rolle, von 0 bis 500 Gramm ist alles möglich, je nachdem was für eine Frostbeule das Pferd ist. In den meisten Fällen braucht das Pferd allerdings gar keine Decke. Es hat ein Fell, was die Natur gegen Kälte und Nässe eingerichtet hat.

Kommen wir zu den Beinen. Ein Pferd hat, wie wir alle wissen, vier Beine, zwei vorne und zwei hinten. Diese Beine kann man entweder mit Bandagen, einem weichen Stofffetzen, umwickeln, oder man kann vorne wie hinten Gamaschen aus festem Material anlegen. Es versteht sich von selbst, dass es mittlerweile Gamaschen und Bandagen in allen möglichen Mustern und Farben zu kaufen gibt. Meistens passt die Farbe zu der Farbe der Schabracke und der Fliegenmütze. Farbliche Abstimmung ist ein besonders zu berücksichtigender modischer Aspekt. Vor allem, wenn jetzt noch die Ausstattung der Reiterin hinzukommt. Trägt das Pferd die walnuss-melangefarbene Kollektion, dann sollte die Reiterin sich ebenso kleiden. Denn Kleider machen Leute – und Pferde!

AMERICAN BEAUTY

In Amerika leben viele verrückte Menschen. Diese These wurde spätestens mit der letzten Präsidentschaftswahl verifiziert. Natürlich breitet sich diese Verrücktheit auch auf die Beziehung zwischen den dort domestizierten Menschen und ihren pferdischen Mitbürgern aus. Während der deutsche Reitzubehörmarkt schon viel unnützes Zeugs hervorgebracht hat, wie zum Beispiel Maulbutter mit Apfelgeschmack (für ein butterweiches Pferdemaul), legt der amerikanische noch eine Schippe drauf und wirft Zubehör auf den Markt, auf welches die Vierbeiner und eigentlich auch die Zweibeiner gut verzichten könnten.

Eine wahnsinnig wichtige Erfindung sind Klebefolien für die Hufe. So manche Pferdefrau geht ins Nagelstudio und lässt sich passend zur Saison und zum Gemütszustand die Nägel in bunten Farben und verschiedenen Mustern bekleben und bemalen und kann ihr Pferd gleich passend zurechtmachen lassen. Diese Folien werden sehr gerne zu Pferdeshows aufgetragen, um einen noch besseren Effekt zu erhaschen. Neben allen möglichen Farben sind auch einige Flaggen erhältlich, vor allem natürlich die amerikanische, aber selbst die deutsche Flagge ist im Viererset käuflich zu erwerben. Das Hufset »I love the USA« lässt das patriotische Herz höher schlagen. Es ist zwar etwas teurer, besticht dafür aber mit einer glitzernden Schleife in den Landesfarben. Etwas einfacher ist die Kombination »Oh my lucky stars«, welche einen roten, einen weißen und einen blauen Stern auf dem Huf vereint. Weiterhin gibt es Flammen oder die Blitze vom Superhelden »Flash« oder ein psychedelisches Hippiemotiv, bei dem man schon vom Hingucken bekifft wird, sowie einen Hufaufkleber, der im Dunkeln leuchtet. Auch ist es möglich, sein Pferd als Zebra oder Leopard durch die entsprechenden Hufmuster zu verkleiden.

Amerika ist nicht nur in Sachen Pferdehufe ein Vorreiter, sondern auch auf dem Gebiet der Haupthaarfülle. Menschen wie Pferde beziehungsweise die Besitzer von Pferden können nicht volles Haupthaar durch Extensions aufhübschen. Gefällt die Fülle des Schweifes nicht, so kann man farblich passendes Echthaar dazukaufen. Für einen vollen Echthaarstrang muss man um die 350 Euro hinlegen. Das Echthaar sollte nicht dauerhaft vom Pferd getragen, sondern nach dem Gebrauch gewaschen und dann in einer extra hierfür produzierten Schutzhülle aufbewahrt werden.

Möchte man besonders auffallen, kann man knallbunte Extensions an seinem Pferd befestigen. Das geht nicht nur am Schweif, sondern auch an der Mähne. Aber zu welchen Gelegenheiten sollte ein Pferd Extensions tragen? Eigentlich zu jeder besonderen Gelegenheit. Man könnte sein Pferd für seine eigene Hochzeit herausputzen und es dann so vor die Kutsche spannen. Oder es als besonderes Highlight für den Kindergeburtstag mit bunten Strähnen ausstatten. Amerikaner lieben Pferdeschauen in allen Variationen, von der Westernshow bis zur Vorführung extrem kleiner Pferdchen. Und hier hat das Tier möglichst makellos auszusehen. Das gibt Bestnoten und beeindruckt den Nachbarn!

Sollte das Tier bei einer solchen Show dazu neigen, seinen Schweif schief zu halten, so lassen sich Gewichte in die Extensions einarbeiten. Dann hält es den Schweif gerade, und das Gesamtbild ist wieder schön. Ein schief getragener Schweif weist zwar meist auf Verspannungen hin, aber was soll man viel Geld für einen Tierarzt ausgeben, wenn sich das Problem viel leichter mit Gewichten lösen lässt?

Wo das Pferd an einigen Stellen zu wenige Haare hat, hat es an anderen Stellen zu viele. Eine übliche Praxis ist das Abschneiden des Teils der Mähne, der sich nahe am Kopf befindet. So verdeckt diese den schön definierten Kopf nicht. Der Kopf wird besonders herausgeputzt, Härchen an den Ohren werden abrasiert sowie manchmal auch Teile des Fells, sodass die Haut durchscheint. Nun wird noch etwas Highlighter aufgetragen, und die Haut des Pferdes bildet einen schönen Kontrast zur Fellfarbe. Tasthaare an den Nüstern und den Augen werden entfernt, denn es gibt Punktabzug für den natürlichen Look. Nun erfüllen Tasthaare allerdings einen Sinn, denn wie der Name schon andeutet, können Pferde mit diesen Härchen die Umgebung ertasten und ihre Augen schützen. Egal, das Regelwerk schreibt vor, dass ein Pferd schöner aussieht, wenn diese Härchen abgesäbelt wurden, also weg damit. Diese in den USA gängige Praxis ist in Europa tierschutzrechtlich verboten. Vor vielen Jahren, als mein Pony noch in einem Stall stand, der von einer Turnierreiterin betrieben wurde, konnte ich beobachten, wie sie ihr Pferd für eine Springprüfung vorbereitete. Sie fackelte die Tasthaare des Tieres einfach mit dem Feuerzeug ab! Unfassbar für jeden Tierfreund.

Pferdeschminke bereinigt das Gesamtbild, wenn das Pferd Kratzer oder Schönheitsfehler im Gesicht hat. Die Schminke kann um die Augen, in die Mähne, ums Maul und in den Schweif geschmiert werden. Sie ist in mehreren Fell- und Hautfarben sowie auch mit Sunblocker-Funktion erhältlich. Der amerikanische Markt bietet sehr viele unterschiedliche Pferdeschminke-Produkte an, vom Eye Gloss über Highlighter Gloss hin zu Glitzeröl und -gel in verschiedenen Farbvarianten für den ganzen Pferdekörper.

Besonders unangenehm wird es für amerikanische Gangpferde wie das American Saddlebred oder das Tennessee Walking Horse, denn sie sollen in den Shows eine besonders hohe Knieaktion zeigen, also die Vorderbeine möglichst hoch in die Luft wirbeln und den Schweif hoch tragen. Ersteres wird durch Gewichte und Ketten an den Hufen der Tiere erreicht. Da das Aufsetzen des Hufes auf die Erde schmerzhaft ist, halten die Tiere die Hufe so lange wie möglich in der Luft. Der hoch getragene Schweif lässt sich durch das Durchtrennen von Schweifmuskeln erreichen.

Wer schön sein will, muss leiden. Für ein schönes und dem Reglement entsprechendes Showpferd betreiben die Besitzer allerhand Aufwand und Anstrengungen. Am Ende des tagelangen Vorbereitungsmarathons ist das Ross fertig für die märchenhafte Glitzershow und erfreut viele Zuschauerherzen. Wir Menschen sind schon komisch, dass wir nicht nur uns, sondern auch unseren Mitlebewesen Schönheitsstandards aufzwingen und diese mit Schönheit gleichsetzen. Schönheit liegt im Auge des Betrachters. Aus der Sicht des Pferdes haben diese Shows so gar nichts mit Schönheit zu tun.

Pferd statt Schweinehund
Der Personal Trainer mit vier Hufen

Das Pferd im Wandel der Zeit

Pferde waren nicht immer das für den Menschen, was sie heute sind. In der Steinzeit wollten die kleinen Steinzeitmädchen nicht reiten lernen und ihre Höhle mit rosafarbener Pferdetapete ausstatten, nein, sie wollten die süßen kleinen Pferdchen essen, um satt zu werden. Grundsätzlich hat sich also gar nicht so viel geändert, denn auch heutzutage sieht man auf Volksfesten Stände mit Pferdebratwürsten, was eine besondere Delikatesse darstellen soll. Bei Betriebsausflügen auf eben diesen Volksfesten müssen sich die Pferdemenschen mit hundertprozentiger Sicherheit einen tollen Spruch von ihren pferdeuninteressierten Begleitern anhören. Zum Beispiel: »Na, ne kleine Pferdbratwurst? Lecker.« Und der Pferdefreund hat dann die Augen zu verdrehen und zu sagen: »Iiih, nein, ich würde nie meinen besten Freund essen!«

Während früher die Menschen Pferde aßen, tut es heutzutage nur noch eine Minderheit. Dabei soll es auch Reiter geben, die sagen, Pferdewürste würden köstlich schmecken. Es kommt auch vor, dass nicht der Pferdefreund selber Pferde verspeist, sondern sein Hund. Etwa, weil der Hund Allergien gegen gängiges Hundefutter entwickelt hat und nun nur noch frisch gebarftes (rohes) Pferdefleisch verträgt. Oder weil er grundsätzlich nur Hirsch und Pferd mag. Da wird dann doch ein Unterschied gemacht zwischen dem Pferd, das als Schlachttier auf dem Teller landet, und dem Pferd, das als Reittier dient und bei jedem Wehwehchen teuer vom Tierarzt behandelt wird.

In der Steinzeit nutzte man aus, dass Pferde Herden- und Fluchttiere sind, die bei Gefahr schnell im Herdenverband fliehen. Es war also relativ einfach, die Pferde aufzuschrecken und ihren Fluchtweg auf eine Klippe zu lenken. In Panik rannten die Tiere einfach weiter und stürzten Lemming-like über die Klippe. Sie mussten also nicht einmal von Menschenhand getötet werden, das erledigte der Aufprall. Und der Steinzeitmensch hatte nicht nur *einen* Fleischlieferanten erledigt, sondern gleich eine ganze Herde. Da es damals noch keine Kühltruhen gab, mag diese Methode nicht sehr nachhaltig klingen. Aber um Nachhaltigkeit machte man sich damals noch keine Gedanken.

Irgendwann (über den genauen Zeitpunkt wird viel gestritten, die meisten Theorien kreisen um 1000 v. Chr.) fingen die Menschen dann an, wilde Pferde zu zähmen und sie als Arbeitsmittel einzusetzen. Auf ihrem Rücken konnten Menschen sehr viel schneller und kräftesparender von A nach B gelangen, und auch Waren konnten auf ihnen transportiert werden. Und dann spannte man sie irgendwann vor Pflüge und Kutschen, der wirtschaftliche Fortschritt ist also auch unseren vierbeinigen Freunden zu verdanken.

Kriegerische Auseinandersetzungen fanden bis zum Zweiten Weltkrieg unter anderem auf dem Rücken von Pferden statt. Im Ersten Weltkrieg wurden 1,5 Millionen Pferde eingesetzt, und viele von ihnen mussten ihr Leben lassen, ohne dass sie persönlich etwas gegen die Pferde der befeindeten Kriegsheere hatten.

Pferde arbeiteten noch in anderen, sehr verschiedenen Bereichen. Sie trieben mit ihrer Muskelkraft Maschinen an, indem sie immer im Kreis liefen. Diese Art von Antrieb diente seit dem 13. Jahrhundert dem Bergbau, wurde jedoch auch in der Landwirtschaft zur Bewegung von landwirtschaftlichen Maschinen eingesetzt.

Grubenpferde wurden in England erstmals 1790 zum Transport unter Tage eingesetzt, in Deutschland 1835. Sie wurden in Ställen in den Gruben untergebracht, wo sie ohne

Sonnenlicht auskommen mussten. Die Grubenpferde waren hohen Belastungen ausgeliefert, oft wurden Doppelschichten abverlangt, und der Wechsel von kalten und warmen Wetterströmen bei verschwitztem Fell griff das Immunsystem an. In Deutschland wurden Grubenpferde bis Anfang der 1970er-Jahre eingesetzt, in Großbritannien sogar noch bis zum Jahr 2000. Das Grubenpferd Tobias, welches im Jahr 1966 mit großem medialem Interesse aus dem Dienst in der Zeche General Blumenthal in Recklinghausen entlassen wurde, ist also nicht wirklich das letzte Grubenpferd Deutschlands. Nach ihm verließ der Schimmel Seppel die Grube in Bochum-Gerthe, hiervon existiert noch nicht einmal ein Foto. Geschweige denn von den vielen Grubenpferden, die ihren Arbeitsdienst in kleineren Gruben verrichteten.

Pferde waren außerdem Kommunikationsmittel vor der Erfindung des Telegrafens und legten lange Stecken durch feindliches Indianergebiet zurück, um per Pony-Express Nachrichten zu überbringen. Die über 3.000 km lange Route nahm 1860 den Betrieb auf und verlief durch die weitgehend menschenleere Prärie Nordamerikas.

Auch heute arbeiten Pferde. In touristisch überlaufenen Städten ziehen sie Kutschen und verhelfen so den Touristen zu einem guten Überblick über die Attraktionen der Stadt. Diese Rundfahrten sind sehr beliebt, allerdings stören sich die Menschen an den Hinterlassenschaften der Pferde, denn eine Straße voller Pferdeäpfel möchte man niemandem zumuten. Also bekommen die Kutschpferde Eimer an das Hinterteil geschnallt. Eine saubere Lösung. Tierschützer argumentieren allerdings, dass nicht der Kot der Tiere das Problem sei, sondern der Stress, der den Pferden unter anderem durch einen hohen Geräuschpegel zugemutet wird. Seit 2009 gibt es in Deutschland immerhin Leitlinien für Pferdefuhrwerksbetriebe, welche zum Beispiel einen freien Tag pro Woche für die Droschkenpferde vorschreiben und Futter- sowie Ruhezeiten regeln.

Für Polizeipferde ist die Eimerlösung hingegen weniger praktikabel, und so sind manche Bürgersteige nach einem Großeinsatz der berittenen Polizei mit den Hinterlassenschaften der Polizeipferde dekoriert. Deutschland setzt immer noch oder mittlerweile wieder in einigen Bereichen auf die berittene Polizei, so kommen sie zum Beispiel bei Fußballspielen zum Einsatz. Die Pferde sollen deeskalierend wirken und einfacher verfeindete Lager auseinandertreiben. Vor großen Tieren kuschen besoffene Männer eher als vor uniformierten Menschen.

Auch bei der Waldarbeit werden Pferde eingesetzt, sie bewegen mit ihrer Pferdestärke Baumstämme aus Waldgebieten, ohne dass sie Wege, Flora und Fauna zerstören. Natürlich arbeiten Pferde auch im Pferdesport, wo sie außergewöhnliche Leistungen vollbringen und immer wieder neue durch den Menschen festgelegte Rekorde brechen sollen. Des Weiteren sind Pferde Therapeuten für Menschen. Und sie werden als tierische Schauspieler eingesetzt, etwa bei Zirkusnummern oder bei reisenden Pferdeshows wie der »Apassionata«. Dort sind sie die Hauptattraktion und werden durch Licht- und Musikunterstützung märchenhaft in Szene gesetzt. Die härteste Arbeit leisten aber immer noch die Kirmesponys. Die armen Tiere müssen Runde um Runde Kinder tragen, Krach ertragen und den Geruch ihrer gebratenen Artgenossen vom Pferdebratwurststand gegenüber schnuppern. Wahrlich kein schönes Leben!

Und was reitest du so?

Reiten ist, sich von einem Pferd tragen zu lassen. Man sitzt bequem auf einem sich fortbewegenden Sofa und könnte nebenbei noch eine Tüte Chips verdrücken oder chillig wie Lucky

Luke eine rauchen (mittlerweile hat er einen Grashalm anstatt einer Fluppe im Mund). Das denken viele Nicht-Pferdesportler, und sie denken komplett falsch. Wäre es so, dann würde meine Abnehm-App mir nicht 285 kcal für eine halbe Stunde Reiten gutschreiben. Diese verbrauchten Kalorien sind jedoch sehr allgemein gehalten. Andere Apps unterscheiden zwischen Reiten im Schritt, Trab und Galopp und Dressurreiten, Springreiten, Polo, Westernreiten etc. Was ich damit sagen will: Reiten ist erstens anstrengend und als ernstzunehmende Sportart einzustufen. Und zweitens: Reiten ist nicht gleich Reiten.

Reiter verfolgen unterschiedliche Reitstile und mit ihnen unterschiedliche Philosophien. Ähnlich wie bei Religionen, sind sie fest davon überzeugt, dass ihre Reitweise die einzig wahre ist. Sie lassen sich ungerne etwas von Reitern anderer Philosophierichtungen erzählen, und einige missionieren fleißig und versuchen Anhänger der jeweils anderen Reitstile auf die richtige Seite der Macht, nämlich ihre eigene, zu ziehen. Möchte man Reiter und deren Glauben verstehen, ist es wichtig, die Unterschiede zu kennen.

Freizeitreiter vs. Turnierreiter

Der Freizeitreiter reitet, wie der Name schon suggeriert, in seiner Freizeit, und er verfolgt auch meistens keinen sportlichen Ehrgeiz durch seine Reiterei. Ihm ist das Wohlergehen des Pferdes wichtiger als sportliche Erfolge, und so wird das Pferd nach allen Regeln der Kunst verwöhnt, gehegt und gepflegt. Der Freizeitreiter reitet oft im Gelände und erfreut sich an der schönen Landschaft. Natürlich ist er auch auf dem Reitplatz zu finden, um sein Pferd muskulär aufzubauen und um sich von Reitlehrern wertvolle Tipps über sanfte Reitweisen mit wenig Einwirkung, also am besten ohne Sattel und ohne Trense, abzuholen. Meist jedoch reitet der Freizeitreiter nicht, sondern putzt und krault sein Pferd, verliest den Schweif des Tieres, bereitet seinem Liebling schmackhaftes Essen zu oder lästert mit anderen Freizeitreitern über die tierquälerischen Turnierreiter im Stall, die ungeachtet einer Pferdepersönlichkeit dem Vierbeiner sportliche Leistungen abverlangen. Oft macht der Freizeitreiter Bodentraining mit seinem Pferd, was heißt, dass er neben seinem Vierbeiner herläuft und mit dem Tier gymnastische Übungen ausführt. Er schafft sich Dual-Aktivierungsgassen an und aktiviert damit die Gehirnhälften seines Pferdes. Ganz eifrige Freizeitreiter bringen ihrem Pferd auch Zirkuslektionen wie Hinknien bei. Vor allem aber ist das Pferd der Freund des Freizeitreiters, und nicht das Sportgerät.

Der Turnierreiter hingegen möchte sportlichen Erfolg. Gängige Kategorien dafür sind die Springreiterei und die Dressurreiterei. Der Springreiter tritt mit seinem Pferd zu Wettbewerben an, bei denen er mit seinem Tier Hindernisse überspringen muss, der Dressurreiter bewegt sich in dem »Viereck«, in dem er sein Pferd zu einem besonderen »Tanz« animiert oder Übungen absolvieren lässt. Bei beiden gibt es unterschiedliche Schwierigkeitsgrade, sie reichen von E für Einsteigerprüfung, über A (Anfänger), L (leicht), M (mittel) bis S (schwer). Diese Einstufungen sind allerdings etwas irreführend. Denn eine leichte Springprüfung ist keineswegs leicht. So kommt es auch zustande, dass ein Pferd, welches L-ausgebildet ist, also die Lektionen der jeweiligen Stufe L beherrscht, um die 10.000 Euro kostet. Auf ein L-ausgebildetes Pferd kann man stolz sein. Und wenn man dann noch in der Lage ist, sich auf dieses L-ausgebildete Pferd zu setzen und eine Prüfung dieser Kategorie zu absolvieren, kann man die Nase schon ganz schön hoch in den Wind legen. Dann ist man jemand in der Pferdewelt.

Ein teures Turnierpferd kann durch Verletzungen für den Turniersport unbrauchbar werden und dennoch imstande sein, ein ganz normales Pferdeleben zu führen. Gelangt ein Turnierreiter an diesen Punkt, steht er vor einer ganz wichtigen Entscheidung. Ist es ihm ernst mit seinem Sport, dann muss das Pferd weg und ein neues her. Es wird ausgetauscht und meistens an einen ahnungslosen Freizeitreiter weiterverkauft, der das Tier dann umhegt und pflegt. Bis an sein Lebensende. Oder das Lebensende des Pferdes.

DRESSURREITER VS. SPRINGREITER

Was ein Springreiter macht, kennen wir alle aus dem Fernsehen. Der Reiter muss sich mit dem Pferd über Hindernisse bewegen (es ist wichtig, dass sich nicht nur der Reiter über das Hindernis bewegt, sondern er sich dabei auf dem Rücken seines Pferdes befindet), und wer das am schnellsten und mit den wenigsten kaputten Hindernissen schafft, ist der Sieger. Einfach. Allerdings nicht immer. Manchmal wird auch die Eleganz von Reiter und Pferd bewertet, so ein Springen nennt sich dann Stilspringen.

Das Dressurreiten setzt vollständig auf Stil. Pferd und Reiter sollen sich in verschiedenen Gangarten elegant in dem Dressurviereck bewegen und besondere Muster nachreiten, die man ▶Hufschlagfiguren nennt. Zum Beispiel eine Volte (einen engen Kreis) oder einen Zirkel (einen größeren Kreis), Schlangenlinien durch die ganze Bahn drei Bögen (wobei Schlangenlinien in drei Bögen geritten werden) oder auch Schlangenlinien durch die ganze Bahn fünf Bögen. Hier muss der Reitplatz in fünf Schlangenlinien anstatt in dreien überquert werden.

Der Dressurreiter ist immer sehr elegant gekleidet, in den höheren Prüfungen trägt er sogar einen Frack und einen Zylinder und ist unter den Springreitern als schnöselige Memme verschrien, der Warmduscher unter den Reitern. Der Springreiter hingegen ist der wilde Barbar, der keine wirkliche Reitkunst beherrscht, sondern Kleinholz aus in liebevoller Kleinarbeit angemalten Hindernissen macht. Schlimmer ist nur noch der Poloreiter.

Westernreiter vs. Englische Reitkunst

In der Reiterei wird gestritten, ob die Kunst, auf einem Pferd zu reiten, eher an die Engländer oder an die Amerikaner angelehnt werden sollte. So ähnlich wie beim Schulenglischunterricht, wo entweder das feine, edle Oxfordenglisch mit kulturellen Besonderheiten wie Tea Time, Scheißwetter und Hochadel vermittelt wird, oder das Kaugummiamerikanisch, bei dem die Philosophie des tellerwaschenden Millionärs gleich mitgeliefert wird.

In der europäischen Reiterei ist eindeutig die englische Reitweise am weitesten verbreitet, die seinen Ursprung in der Militärreiterei hat. Sagt ein Reiter »Ich reite englisch«, so meint er damit die Reitweise, die jeder Laie unter Reiten versteht. Nämlich mit einem gängigen Sattel, im Dressurviereck oder Springparcours oder im Gelände. Dieser Sattel wird passenderweise englischer Sattel genannt, wobei es hier einige Unterschiede gibt. Das Dressursattelblatt ist länger, das Springsattelblatt sehr komprimiert und der Vielseitigkeitssattel ein Mittelding aus diesen Optionen. Anhänger der englischen Reitweise benutzten oft auch weitere Hilfsmittel, wie z.B. das Martingal, ein Gedöns, das kompliziert zwischen Sattel, Pferdehals und Zaumzeug verschnürt wird und das Pferd dazu bringen soll, besser an den Hilfen zu stehen, also besser auf den Reiter zu hören. Der englische Reiter trägt klassische Reithosen und einen bekloppt aussehenden Reiterhelm. Macht er sich für ein Turnier fein, zieht er sich eine weiße Reithose sowie ein schwarzes, dunkelblaues oder dunkelgrünes Jackett an. Die Haare werden adrett zusammengebunden und am Hals eine Art Krawättchen befestigt, ein weißes Schleifchen mit einer Nadel dran, welches Plastron genannt wird.

Das Westernreiten ist sehr viel älter, entwickelte sich aus der Arbeit der Cowboys und wird in einem gemütlichen, schweren und recht klobigen Sattel ausgeführt. Die Cowboys mussten vor allem Rinderherden mit einem Lasso in der Hand zusammentreiben, und so war es notwendig, dass das dazu genutzte Pferd auf kleinste Impulse des Reiters reagierte. Westernreiter nutzen oft nur einen Sattel mit dem Knauf für die Befestigung des Lassos und eine Trense mit wenigen Riemchen, dafür aber recht scharfen Gebissen. Der Westernreiter ist immer für die Arbeit auf der Ranch angezogen. Er trägt Jeans, Westernstiefel mit Rädchensporen, ein lässiges Karohemd und natürlich einen Cowboyhut – selbst wenn die Ranch sich in einem Kaff in Ostfriesland befindet.

Zwischen diesen beiden Lagern herrschen recht häufig Vorurteile. Der Westernreiter hält den englischen Reiter für versnobt und denkt, dass er sein Pferd durch unzählige Verschnürungen malträtiert und dem Tier mit der ständigen Hilfengebung, also der dauernden Einwirkung auf das Pferd, auf die Nerven geht.

Der englische Reiter denkt von dem Westernreiter, dass er tierquälerische Sporen in den Bauch des Tieres rammt und bloß lässig und cool durch die Gegend spazieren reitet, ohne wirklich Sport zu betreiben. Weiterhin stört er sich an den scharfen Gebissen, die dem sensiblen Pferdemaul schaden können.

PONYREITER VS. GROSSPFERDEREITER

Ein Pony ist ein kleines Pferd mit einem Stockmaß von höchstens 149 cm. Ja, so einfach ist es nicht immer. Denn Ponyreiter wissen, ein Pony ist nicht nur ein kleines Pferd, sondern ein sehr viel robusteres Wesen als der größere Vertreter. Ponyreiter werden von den Großpferdereitern nicht wirklich ernstgenommen und hochmütig von oben herab betrachtet. Ponyfreunde belächeln im Gegenzug das Verhätscheln der Großpferde und reden gerne von dem hohen Alter ihres Ponys, da sie wissen, dass die meisten Großpferde nie an eine solche Lebensdauer herankommen werden.

Eine besondere Kategorie stellt das Islandpferd dar, welches vom Stockmaß und auch vom Aussehen eindeutig dem

Bitte nicht drängeln, die Ziellinie ist für alle da!

robusteren Pony zugeordnet werden kann, allerdings von ihren Reitern als Pferd eingeordnet wird. Diese Tierchen haben noch eine weitere Besonderheit. Sie beherrschen neben den üblichen Gangarten Schritt, Trab und Galopp noch die Gangarten Tölt und Pass. Gerade der Tölt ist für den Reiter sehr bequem. Auf einem töltenden Islandpferd zu sitzen ist wie auf einem laufenden Sofa Platz zu nehmen, sagt man.

Auch in Deutschland gibt es Ställe, die ausschließlich dem Islandpferd gewidmet sind und keine Pferde anderer Rassen oder Reiter anderer Reitweisen aufnehmen. Auch sonst konzentrieren sich Pferdeställe oft auf bestimmte Reitweisen, sodass natürlich die Gefahr einer intoleranten Einstellung gegenüber den Andersglaubenden wächst. Es gibt aber auch viele Pferdeställe, in denen verschiedene Gruppierungen friedlich nebeneinander leben und reiten. Kennt man jemanden der anderen Fraktion persönlich, so werden Vorurteile oft revidiert. Da ist die Pferdwelt nicht sehr viel anders als die Welt im Allgemeinen.

Neben den hier genannten Arten, sich auf dem Pferd fortzubewegen, gibt es weitere zahlreiche lustige Sportarten mit Pferdebeteiligung.

POLO nennt sich ein Spiel zu Pferde, bei dem zwei gegnerische Mannschaften bestehend aus jeweils vier Teammitgliedern versuchen, vom Pferd aus mit einem langen Schläger Bälle in der Größe von Tischtennisbällen in das gegnerische Tor zu schießen. Die besten Polospieler kommen aus Argentinien, der Sport ist auch in Großbritannien sehr beliebt, unter anderem in der britischen Königsfamilie. Prince Charles war begeisterter Polo-Spieler, und seine Söhne, Prince William und Prince Harry, sind ebenfalls aktiv. So rasant und spannend das Spiel für die Zuschauer sein mag, so gefährlich ist es für die Reiter und noch mehr für die Pferde. Beinverletzungen durch das Rumgefuchtel mit den Schlägern sind keine Seltenheit, und die vielen unnatürlichen Bewegungen während des

Spiels führen zum Verschleiß der Pferde. Auch kann sich nicht jedermann dieses Spiel leisten. Während eines Matches werden häufig die Pferde gewechselt, und ein Polospieler benötigt einen ganzen Stall voller Pferde sowie deren Betreuer.

REITEN AUF GANGPFERDEN: Ein Gangpferd hat mehr als drei Gänge, meistens fünf. Anders als beim Auto unterscheiden sich diese fünf Gänge nicht nur in der Geschwindigkeit, sondern auch in der Art, wie das Gangpferd seine Füße auf den Boden stellt und wieder in die Luft wirbelt. Nicht jedes Pferd ist ein Gangpferd, sondern nur die Pferde, die Schritt, Trab, Galopp, Tölt und Pass oder ähnliche Sondergangarten beherrschen. Ein Islandpferd ist ein solches Gangpferd (siehe oben). Islandpferde sind die bekanntesten und am weitesten verbreiteten Vertreter der Gangpferdefraktion, allerdings nicht die einzigen. Größere Vertreter der Gangpferde sind die amerikanischen Tennessee Walking Horses sowie die Saddlebred Horses. Letztere waren die Vorbilder für Barbiepferde, da sie durch ihre hohe Knieaktion (sie werfen die Beine besonders hoch in die Luft) anmutig aussehen und so immer für einen Showeffekt gut sind. Südamerikanische Vertreter sind der Paso Fino, der Mangalarga Marchador und der Paso Peruano. Kreuzt man letzteren mit einem Isländer, bekommt man einen Aegidienberger. Der Aegidienberger ist eine relativ neue Pferderasse, die 1981 erstmals in Nordrhein-Westfalen gezüchtet wurde, weil man gerne größere Isländer wollte, die die Hitze Deutschlands besser ertragen können, als die aus den kargen und kühlen isländischen Steppen stammenden Isländer. Gefleckte Pferde, die aus gefleckten Paso Finos hervorgehen, werden in Amerika unter dem Namen Walkaloosa geführt. Der Name setzt sich aus Apaloosa (geflecktes Pferd) und Walk (besondere Gangart) zusammen. Gangpferdereiter haben eigene Turniere und Shows, bei denen sie ihre Kräfte im Bereich des Gangpferdereitens miteinander messen.

WANDERREITEN: Ähnlich wie die Wanderhure die Nomadin der Huren ist, ist der Wanderreiter der Nomade unter den Reitern. Bei der Wanderreiterei oder auch Distanzreiterei geht es darum, mit dem Pferd unterschiedliche Entfernungen zurückzulegen. Das Wanderreiten ist entweder auf Wettbewerbe ausgelegt, bei denen zwischendurch Tierärzte Pulskontrollen (der Pferde) durchführen und Preise zu gewinnen sind, oder auf das Freizeitwanderreiten, bei dem der Freizeitwanderreiter kleine Touren mit Pferdeunterstützung in der Natur plant. Auch unter den Urlaubern ist das Wanderreiten durch verschiedene Vegetationen und der Verköstigung lokaler kulinarischer Besonderheiten sehr beliebt. Ganz entspannt kann man Land und Leute kennenlernen und dabei den Duft der Pferde einsaugen.

KLASSISCH-BAROCKE REITEREI: Die klassisch-barocke Reiterei beschreibt sich selber als Reitkunst. Nach eigener Angabe ist sie »Ausdruck eines Reitsystems, das über längere Zeiträume bewährte Prinzipien der Pferdeausbildung zusammenfasst und in seiner verfeinerten Ausprägung mit einem künstlerischen Anspruch verbunden ist.« Hier geht es also nicht um Sport, sondern um Kunst. Grundlegend beteiligt an der Entwicklung der heutigen Barockreiterei ist Francois Robichon de la Gueriniere. Herr Robichon war Reitlehrer am Hof König Ludwig des XV. von Frankreich und entwickelte in dieser Position seine eigene Reitlehre. Im Grunde genommen ist die klassische Reitkunst eine Abspaltung der Dressurreiterei, ähnlich der Teilung der Evangelien in die lutherische und reformierte Sparte. In die klassisch-barocke Reitbibel wurden Elemente aufgenommen, die seitens der Internationalen Reiterlichen Vereinigung (FEI) keinen Eingang in die Dressurreiterei fanden. So spaltete man sich ab und erschuf eine Kunst, die »der Bedeutung des Pferdes als Bindeglied des Menschen zur Natur und Kultur in unserer durch die Technik geprägten Zeit in besonderem Maße Rechnung trägt.« Allerdings gibt es in dieser

Kunst auch klare Regelwerke, sodass niemand fragen kann: »Ist das jetzt Kunst, oder kann das weg?«

Ihre Vollendung findet diese Reitweise in den Vorführungen der Spanischen Hofreitschule in Wien. Dort tanzen Lipizzaner, eine alte Pferderasse, welche als Reit-, Parade- und Kutschpferde am kaiserlichen Hof gezüchtet wurde und fast ausschließlich aus Schimmeln besteht, zu klassischer Livemusik für das Amüsement der Zuschauer. Die UNESCO nahm die Reitschule 2015 in ihr Verzeichnis für das immaterielle Weltkulturerbe auf. Wer ganz viel Geld hat, kann sich dort ein original spanisches Hofreitpferd kaufen. Wer weiß, vielleicht lässt sich das Tier später gewinnbringend weiterveräußern. Kunstspekulation nennt man sowas dann.

VOLTIGIEREN: Beim Voltigieren reitet man nicht, sondern macht Turnübungen auf einem Pferd. Das Pferd läuft dabei immer in der Runde und bekommt einen Gurt mit zwei Henkeln anstatt einen Sattel umgeschnallt. Mehrere Teams in hautengen bunten Gymnastikanzügen treten gegeneinander an und versuchen, die Übungen möglichst regelkonform auszuführen. Solche Übungen sind zum Beispiel die Fahne oder die Mühle. Bei der Fahne kommt es nicht darauf an, welcher der Kontestanten am Abend zuvor am meisten Alkohol getrunken hat, sondern wer am schönsten ein Arm- und Beinpaar auf dem Pferd halten und gleichzeitig das gegenüberliegende Arm- und Beinpaar in die Luft strecken kann, während bei der Mühle bewertet wird, wie galant sich ein Voltigierer einmal auf dem Pferd um die eigene Achse drehen kann. Gymnastik aus der öden miefigen Sporthalle in einen Pferdestall zu verpflanzen ist eine schöne Idee, mittlerweile werden nicht nur die klassischen Voltigierwettbewerbe angeboten, sondern auch Pilates oder Flexi-Band-Übungen auf dem Pferd. Oder Yoga auf dem Pferd, welches die spirituelle Verbundenheit von Mensch und Tier (aka Natur) in höchster Vollkommenheit hervorbringt und die Heilung von Körper und Geist vorantreibt. Oder so.

PONYSPIELE: Welcome to the 76th Pony Hunger Games! So könnte man sich in der Post-Hunger-Games-Ära Ponyspiele vorstellen: Jeweils eine junge Stute und ein junger Hengst aus jedem Bundesland Deutschlands (auch districts genannt) werden erst zurechtgemacht und trainiert, um dann in einer Arena einen Kampf auf Leben und Tod zu führen, und nur der Sieger landet nicht als Wurst auf einem deutschen Weihnachtsmarkt. Eigentlich wäre das eine gute Vorlage für eine Pony-Trilogie.

Meine Teilnahme an den Ponyspielen war weniger heroisch. Bruno und ich mussten über Plastikplanen laufen, durch einen flatternden Vorhang hindurchreiten, ein rohes Ei auf einem Löffel balancieren und als Höhepunkt möglichst schnell trockene Wäsche aufhängen. Dabei war die Wäscheleine so hoch angesiedelt, dass man ohne pferdische Kletterhilfe nicht herankam.

All diese kleinen Aufgaben erscheinen jetzt auf den zweiten Blick ziemlich sinnlos. Warum nicht nasse Wäsche bequem auf Armhöhe aufhängen? Warum das Ei nicht erst vorkochen? Wann reitet man über Plastikplanen oder durch Flatterbänder? Nun, hat ein Pferd oder Pony solche Aufgaben erst einmal gemeistert, dann rennt es mit einer geringeren Wahrscheinlichkeit vor hupenden Autofahrern oder vorbeirasenden riesigen motorisierten landwirtschaftlichen Maschinen davon. Auch Wind und größer oder kleiner werdende Holzhaufen bedeuten eine geringere Gefahr. Und außerdem: Wann muss ein Pferd in seiner natürlichen Umgebung schon über riesige bunt bemalte Stangen springen oder sich zu rhythmisch-dramatischer Musik auf den Hinterbeinen im Kreis drehen? Na also.

FUCHSJAGD: Bei dem Thema Fuchsjagd springt einem sofort die schick in Rot gekleidete britische Upper-Class in den Sinn, welche hoch zu Ross mit einer Meute Hunde Jagd auf lebende Füchse macht. Aufgrund des tierquälerischen Aspektes dieser Veranstaltung wurde die auf diese Weise ausgeführte Fuchsjagd 2005 in Großbritannien verboten. Bevor das Verbot allerdings in Kraft treten konnte, gab es wütende Proteste und Straßenschlachten mit der Polizei, das House of Lords weigerte sich, das Gesetz zu unterschreiben, und dem Parlament unter Tony Blair blieb nur die Möglichkeit, es durch den Parliament Act, die nächsthöhere Machtstufe des Unterhauses, durchzusetzen. Trotz Verbot stieg die Zahl der getöteten Füchse in Großbritannien weiter, denn das Gesetz bot den Fuchsjagdanhängern einige Schlupflöcher.

In Deutschland ist diese Art der Jagd seit 1934 verboten. Spricht man hier von Fuchsjagden, sind damit ganz andere Veranstaltungen gemeint. Eine Gruppe Reiter tut sich zu einer Schnitzeljagd auf dem Pferd zusammen und überquert dabei Land und Hindernisse und muss am Ziel einen Fuchsschwanz suchen. Derjenige, der ihn findet, muss im nächsten Jahr den Fuchs spielen und die Geländestrecke festlegen. Aus eigener Erfahrung weiß ich, dass Fuchsjagden in Ostfriesland sehr viel mehr Wert auf die Verköstigung von Doppelkorn in den Zwischenstoppstationen legen, als auf das Fangen des Fuchses. Somit erinnern ostfriesische Fuchsjagden eher an Grünkohltouren, bei denen auch alle trinken und keiner Kohlkönig oder Kohlkönigin werden möchte, da man dann im nächsten Jahr die Planung des Festes an der Backe hat!

Ehre, wem Ehre gebührt

Es gab eine Phase in meinem Leben, in der ich mich mit meinem Pferd mit anderen messen wollte. Meine Stute war damals noch jung, und wir strotzen vor Tatkraft und Energie. Oft fuhr ich mit meiner Freundin, die ein eigenes Auto und einen Pferdehänger hatte, quer durch Ostfriesland, um auf kleinen Reitturnieren irgendwo in der Provinz teilzunehmen.

Man stellt sich das so einfach vor. Im Fernsehen setzt sich der Springreiter auf das fertige Pferd, gibt ihm die Sporen und fliegt über den Parcours, um dann am Schluss ein fettes Auto und massenweise Preisgeld in Empfang zu nehmen. Er darf sich bei der Ehrenrunde vom Publikum feiern lassen, sein Pferd galoppiert mit wehender Mähne und einem Kranz um den Hals durch die Arena. Es hat eine Schleife an der Trense, und der glorreiche Springreiter kann sein Ross mit nur einer Hand zügeln, da er die andere benötigt, um den teuren güldenen Pokal zu halten. Die Menge klatscht frenetisch, während die Nationalhymne abgespielt wird und später die dramatische Ehrenrundensieghymne. Nachdem er sich genug hat feiern lassen, der feine Herr Springreiter, galoppiert er zurück in die Stalleinheit und übergibt das vor Anstrengung schäumende Tier der Pflegekraft. In 99% der Fälle ist das eine Pferdepflegerin, die als Jugendliche den Traum von einem Leben mit Pferden hatte und ihren Beruf als Berufung versteht.

Gehen wir zurück nach Ostfriesland, wo ein jugendliches Mädchen den Freitag damit verbringt, sich und ihre junge Stute für die große Show vorzubereiten. Sie putzt den Sattel mit Seife und fettet jedes Lederteil der Trense einzeln ein. Sie wäscht ihren Reitfrack und ihre weiße Reithose, die sehr an den braun-gelblichen Flecken der Stallarbeit zu hängen scheint. Sie reinigt die Lederreitstiefel und verleiht ihnen einen leuchtenden Glanz. Sie striegelt die Stute, bis das Schwarz in einem glitzernden Rabenschwarz erstrahlt. Sie teilt die Mähne der Mähre in kleine Abschnitte, flechtet daraus Zöpfe, umschließt sie mit feinen Pferdehaargummis, rollt diese wiederum zu kleinen Schnecken zusammen und verziert die Pferdehaarschnecken mit weißem Klebeband. Dabei flucht sie ständig, da das stolze Ross nicht ruhighält und ständig die kleinen Zöpfe misslingen und sie von vorne beginnen muss. Aber irgendwann ist sie fertig, und sie verstaut sämtliches Zubehör in Pferdeanhänger und Auto, angesichts der Menge der Reiseutensilien könnten Betrachter von einer mehrmonatigen Weltreise ausgehen.

Die Stute würde nach dem Striegeln gerne auf die Weide gehen, doch das wird ihr untersagt, da sie durch frühzeitiges Wälzen die ganze Mühe zunichtemachen könnte.

Am nächsten Morgen steht unser Teenager um 4:30 Uhr auf. Moment Mal, sagen Sie jetzt zu Recht, wir haben es doch samstagfrüh, und es handelt sich doch um einen Teenager, was macht der denn in aller Frühe schon außerhalb seines Bettes?! Ja, und da haben Sie durchaus recht. Ein total unübliches Verhalten für einen Teenager. Aber unser Teenager hat etwas Großes vor!

Unsere Jugendliche macht sich mit ihrer Freundin Pferdesteffi auf den Weg durch die Provinz – beladen mit einem ganzen Hausstand und zwei Pferden sowie der kleinen Schwester, die auf dem Turnier an einem Reiterwettbewerb für Kinder teilnehmen möchte. Um 6:00 Uhr sind unsere fünf Heldinnen am Ziel. Sie melden sich anwesend und bekommen eine Startnummer, die sie am Kopf ihres Pferdes befestigen. Nun harren sie aus, bis ihr Auftritt näher rückt, und reiten schon mal ihre Pferde warm.

Unsere Reiterin nimmt an einer E-Dressur teil. Hierbei handelt es sich um einen Massenwettbewerb, um die 40 Teilnehmer, die alle dieselbe Reihenfolge von Aufgaben zu erledigen haben. Es geht dabei um Hufschlagfiguren, die in den drei Gangarten zu absolvieren sind.

Wer diese am elegantesten, schönsten, reitkünstlerisch anspruchsvollsten hinbekommt oder einfach nur die Richter geschmiert hat, erhält die höchsten Wertungsnoten. Die Richter, zwei an der Zahl, sind meistens alte Bauern, die sich in der Pferdzucht betätigen. Die sechs höchsten Wertungsnoten gewinnen und dürfen an der Ehrenrunde teilnehmen.

Das möchte jeder.

Nun stellen Sie sich vor, unser ostfriesischer Teenager schafft es, einen dieser begehrten Plätze zu erhaschen, was ihn aufgeregt und glückerfüllt macht, wie es HP Baxxter gewesen sein muss, als er den Text für »Hyper, Hyper« schrieb. Euphorie pur! Ein Mädchen im Glück.

Zwischen dem eigentlichen Wettbewerb und der Siegerehrung liegt üblicherweise noch ein Zeitpuffer. Und es finden mehrere Wettbewerbe gleichzeitig statt. So kann es passieren, dass der Reiterwettbewerb der kleinen Amazonenschwester zeitgleich auf die Siegerehrung unseres erfolgreichen Reitermädchens fällt.

Dieses unglückliche Timing den Richtern zu erläutern ist ein schwieriges Unterfangen, da diese sich gerne akribisch auf das Reglement berufen, welches besagt, dass eine Siegerehrung *immer* mit Pferd stattzufinden hat, egal ob die kleine Schwester gerade reitet oder nicht. Unser Teenager jedoch gibt nicht auf, und so siegt die Weisheit des alten Mannes und er lässt sie an der Siegerehrung teilnehmen – zu Fuß.

Da steht unsere Amazone also. Links neben ihr eine Reiterin mit Pferd und rechts neben ihr ein Reiter mit Pferd. Handshakes bei der Verteilung der ▶Schleifen. Diese wird anstatt an ihrem Pferd in ihrem Haar befestigt. Der Pokal wird ihr übergeben. Und dann geht sie los, die Ehrenrunde. Die stolzen Reiter bringen ihre Rösser mit wehenden Mähnen zur siegreichen Musik in den Galopp. Und unser Reitermädchen ihre Beine in einen sehr schnellen Gang, den man wohl Rennen nennen kann. Ihre Haare wehen im Wind. Das Pferd vor ihr fängt an auszuschlagen, doch zum Glück befolgt sie die Reitregel, immer eine Pferdelänge Abstand zum Vorderreiter zu halten, sonst hätte ihr Gesicht bestimmt am Ende des Tages ein Hufabdruck verziert. Das Pferd hinter ihr möchte überholen, und die Reiterin hat ihre Mühe, das stürmische Tier zu halten. Doch schneller tragen ihre Beine unsere Reiterin ohne Pferd nicht, und so lässt sie das Ross überholen. Die Menschen auf den Rängen amüsieren sich köstlich, und ihr schwant, dass diesem Amüsement nicht die Anerkennung der Leistung der tapferen Reitersleute zugrunde liegt, sondern das Schauspiel, das ihr hastiges Stolpern zwischen all den stolzen Reitern darbietet.

Sie wurde nie wieder platziert. Jedenfalls nicht bei einem Dressurwettbewerb. Irgendwann sah der Teenager ein, dass er ein Teenager war und entschied sich, am Wochenende auszuschlafen. Und so bleibt ihm sein größter reiterlicher Triumph für immer als eines seiner peinlichsten Erlebnisse im Leben in Erinnerung.

Licence to reproduce
Lust, Laster und Arterhaltung

SCHICKER WEIDEUNFALL ZU VERKAUFEN

Konservative Bilderbuchfamilien gibt es bei Pferden nicht. Hengst, Stute, Stutfohlen und Hengstfohlen bilden keine Einheit im Sinne einer Familie. Denn eine Pferdeherde kommt nicht mit mehr als einem Hengst klar. Sind die Hengstfohlen keine Fohlen mehr, müssen sie ihre Mutter und auch ihre Herde verlassen und mit ihren Kumpels leben.

Eine Familie wäre keine geeignete Absicherung gegen die vielen Gefahren der Umwelt. Das haben Pferde erkannt und suchen sich so den größtmöglichen Schutz der Herde.

Auch romantische Liebe sucht man bei Pferden vergeblich. Pferdeteenager, auch Jährlinge genannt, lesen keine Bravo-Fotolovestory und träumen nicht vom Prinzen in Hengstgestalt. Sind sie einmal geschlechtsreif, das kann ab 12 Monaten sein, wird ihr Verhalten von ihren animalischen Trieben gesteuert. Zum Glück nicht ständig. Stuten verhalten sich nur dann extrem sexualisiert, wenn sie rossig sind. Sie stellen sich breitbeinig vor alles, was sie bespringen könnte und locken den potentiellen Sexualpartner mit Duftstoffen, die sie mit dem Urin freisetzen. Stuten werden nur dann rossig, wenn ein Geschlechtsakt auch zum Erfolg führen könnte, also die Stute sich im Eisprung befindet. Was natürlich Sinn macht, denn so ein Fluchttier hat nicht ständig Zeit, sinnlos zu pimpern, da es allzeit zur Flucht bereit sein muss. Man sagt Stuten nach, sie seien während dieser Zeit besonders zickig und hätten keine Lust, Lektionen zu lernen und auf ihre Reiterin zu hören. Wenn alles, woran man denken kann, Sex ist, verwundert das nicht. Aber einige Reiterinnen tragen es den weiblichen Pferden nach und schaffen sich lieber einen Wallach an, denn diese unterliegen in der Regel keinem extremen Sexualtrieb.

Ein Wallach ist also keine Pferdesorte, wie meine Nachbarin vermutete, sondern ein gelegter Hengst, dem die Eier wegoperiert wurden. Während der Noch-Hengst in leichter Narkose steht, entfernt der Tierarzt die Hoden und macht den ehemaligen Hengst zu einem Pferdeeunuchen. Das hat einen weiteren praktischen Grund. Man kann ihn jetzt mit Stuten zusammen halten, ohne die Gefahr auf ungewollten Nachwuchs. So ereilt dieses Schicksal einen Großteil des domestizierten Pferdebestandes. Nur wenige Pferdehengste in Gefangenschaft dürfen Hengst bleiben.

Denn natürlich darf sich in der Obhut des Menschen nicht jeder wahllos vermehren, wie er gerade Lust hat. Ein Hengst braucht einen Freischein zur Vermehrung, diesen bekommt er durch die Körung. Die Körung eines Hengstes ist so ähnlich wie eine Mr.-Universe-Wahl. Der Hengst wird trainiert und muss dann in der Prüfung seinen Körperbau sowie seine Bewegungen präsentieren.

Wird all das für gut befunden, wird er gekört und arbeitet nun hauptberuflich als Beschäler. Er ist dafür zuständig, Stuten zu besamen, allerdings hat er meistens nicht das Vergnügen, den Geschlechtsakt höchstpersönlich durchzuführen, sondern muss einen nach Stute riechenden Bock, ähnlich dieser Dinger früher im Sportunterricht, bespringen. Hierbei wird sein Samen eingefangen, eingetütet, tiefgefroren und bei Bedarf an die Stutenbesitzer geschickt. Das hat den Vorteil, dass sich die Tiefkühlsamen lange halten und somit längst verstorbene Hengste noch Nachfahren zeugen können.

Der Natursprung, also der wirklich stattfindende Geschlechtsakt zwischen Hengst und Stute, ist mittlerweile relativ selten. Denn realer Pferdesex birgt Gefahren in sich. Stuten könnten erst den Hengst anlocken, und dann, wenn er ganz nahe ist, auskeilen und ihm ihre Hinterhufe vor den Bug knallen. So etwas machen Stuten manchmal, aus reiner Hinterhältigkeit. Der Hengst könnte sich verletzen, was natürlich keiner will. Deswegen gibt es die Möglichkeit des kontrollierten Natursprungs, dessen Zeugin ich einmal sein durfte. Der Stute wurden um die Hinterbeine Gurte angelegt, damit sie dem Hengst nichts antun konnte.

Manchmal passiert es dennoch, dass ein Hengst und eine Stute ganz ohne Zutun des Menschen Spaß miteinander haben. Dann kommt elf Monate später ein Weideunfall auf die Welt. Manchmal wird dieser erst bemerkt, wenn das Fohlen völlig unerwartet auf der Koppel steht. Da nicht jeder ein zusätzliches Pferd ernähren kann oder will, kommen Verkaufsannoncen mit dem schönen Titel »Schicker Weideunfall zu verkaufen« zustande.

Hengste sind, je nach ihren Leistungen, natürlich verschieden teuer. Dabei richtet sich ihre Puffgebühr, also ihre Decktaxe, nicht danach, wie gut sie im Bett sind. Pferde brauchen ja auch kein Bett, um den Geschlechtsakt durchzuführen. Nein, Hengste werden nach anderen Leistungen bezahlt, zum Beispiel, ob sie sportlich besonders erfolgreich waren oder ob sie eine bestimmte Farbe vererben. Wer eine Tiefkühlportion von Totilas, dem erfolgreichsten Dressurpferd aller Zeiten, ergattern möchte, muss tief in die Tasche greifen und 2.500 Euro hinlegen, es gibt aber auch schon weniger teuren Callboysamen für 500 Euro.

Nicht nur Hengste stehen unter Erfolgsdruck. Auch Stuten werden beurteilt und nach ihren Qualitäten in Kategorien eingeteilt. Alle aktiven Zuchtstuten müssen in ein Stutbuch eingetragen sein. Bei der Eintragung erhalten sie Noten für Typ, Qualität des Körperbaus, Korrektheit der Gänge und den Gesamteindruck. Hat eine Stute ein besonders gutes Zeugnis vorzuweisen, kann sie auf eine weiterführende Schule gehen und dort ihr Abi ablegen, was bei Zuchtstuten Stutenleistungsprüfung genannt wird. Hierbei muss sie sich im Freispringen, in den Grundgangarten und unter dem Sattel einem Testreiter präsentieren. Wurde all dieses für super befunden, wird sie Staatsprämienstute genannt. Einige Zuchtverbände nutzen auch den Begriff Elitestute. Eine so prämierte Elitestute ist natürlich mehr Geld wert als die normale Zuchtstute. Jeder Zuchtverband hat eigene Stutbücher und andere Namen für diese Bücher sowie unterschiedliche Begrifflichkeiten, ähnlich dem Föderalismus der Bildungspolitik, sodass die Leistungen der einzelnen Stuten verschiedener Verbände schlecht miteinander verglichen werden können.

So hat sich die FN gedacht, dass man doch ein zentrales Leistungsbuch für überdurchschnittliche Stuten aller Zuchtverbände führen könnte. Hinter der Abkürzung FN verbirgt sich die deutsche reiterliche Vereinigung, die den Dachverband aller Reiter, Züchter, Fahrer und Voltigierer in Deutschland bildet. Die Abkürzung hat nichts mit einer neuen Rechtschreibreform zu tun, nach der Vereinigung neuerdings mit F geschrieben würde, sondern kommt aus dem Französischen (Fédération Equestre Nationale). Die FN verfasst einheitliche Richtlinien, Regelwerke und Bestimmungen, wie zum Beispiel eine Ausbildungs- und Prüfungsordnung (APO), Leistungsprüfungsordnung (LPO) oder eine den tierzuchtrechtlichen Bestimmungen entsprechende Zuchtverbandsordnung (ZVO).

Die Eintragung in das zentrale Stutbuch ist freiwillig und kostenpflichtig. Das Leistungsstutbuch der FN hat vier Abteilungen, für die sich ein Stutenbesitzer entscheiden kann. In Abteilung A kann man seine Stute eintragen lassen, wenn sie eine besondere Prüfung abgelegt hat, in B, wenn sie besonders erfolgreich auf Turnieren war (mindestens Klasse L), in C, wenn die Stute mindestens drei Nachkommen hatte, die bei Turnierprüfungen der Klasse L platziert waren und in D, wenn sie besonders fruchtbar ist. Was wiederum so definiert ist, dass die Stute in 70% ihrer Zuchtjahre mindestens fünf lebende

Fohlen geboren hat. Ein ganz schön großer Druck, der auf der Gebärmutter einer Zuchtstute lastet!

Einer Stute, die nicht aufnimmt, also nicht durch den Samen des männlichen Tieres trächtig wird, ergeht es ähnlich wie einem nicht gekörten Hengst: sie ist wertlos für die Zucht und für den Pferdezüchter und wird, wenn alles gut läuft, als Reittier verkauft. Nimmt die Stute nicht auf, bedeutet das natürlich einen herben finanziellen Verlust für den Stutenbesitzer. Ob aufgenommen wurde, wird vom Tierarzt überprüft. Bei Nichtaufnahme wird eventuell nachgebessert, also ein weiteres Mal besamt. Die genauen Bestimmungen können variieren und sind im Deckkatalog nachzuschlagen. Der Deckkatalog ist ähnlich dem Katalog eines Warenhauses aufgebaut, nur mit Bildern und Beschreibungen einzelner Hengste, die ihre Dienste anbieten. Hengststationen bieten heutzutage natürlich auch Onlinekataloge ihrer Hengste.

Läuft alles gut, und zwei hochdekorierte Partner haben sich erfolgreich vermehrt, dann werden ihre Fohlen gebrannt. Beim Vorgang des Brennens wird ihnen ein glühender Stab auf den Arsch gepresst und ein Muster in die Haut gebrannt. Diesen Vorgang kennen wir Menschen als Branding, das eine Zeitlang in Mode war. Bei Pferden wachsen die Haare an den gebrannten Stellen nur noch bedingt nach, sodass das Muster ein Leben lang sichtbar ist und der Mensch sofort erkennen kann, welcher Zuchtverband für das entsprechende Tier zuständig ist. Denn jeder Zuchtverband hat ähnlich wie die einzelnen Häuser bei Harry Potter sein eigenes Wappen. Bei meinem Pferd könnte man meinen, die entsprechenden Menschen, die für das Brennen des armen Tieres zuständig waren, haben sich vorher ordentlich einen gebrannt, denn sie haben das Wappen falsch herum angesetzt, und so läuft meine Stute ihr Leben lang mit einer umgedrehten Eichel herum.

Übrigens, Pferde haben einheitlich am 1. Januar ihres Geburtsjahres Geburtstag. Das haben sich schlaue Menschen ausgedacht, die zu faul zum Rechnen bei der Zulassung von Jahrgangsrennen waren. Also bei Rennen, an denen zum Beispiel nur dreijährige Pferde teilnehmen dürfen. Die Teilnehmer müssen alle dasselbe Datum angeben, und dann muss auch keiner rechnen, ob jetzt ein Pferd älter ist oder nicht. Was soll's, ich feiere den Geburtstag meines Weideunfalls trotzdem an dem Tag, an dem er das Licht der Welt erblickt hat. Ich finde das persönlicher. Obwohl es ihr bestimmt egal ist, ob sie ihre Extraportion Möhrchen nun zu Jahresbeginn oder im Sommer bekommt.

All night long im Puff Hanover

Rumkugel, Cordon Blue, Walkürensee, Mitternachts Flower, Bargeld lacht, Ohne Tadel, Laufmasche, Metal Band, Kanzlerin, All night long, Königskrone, Singdrossel, Ötzi, Vielliebchen, Puff Hanover.

Ja klar, kenn ich, werden Sie jetzt denken, da war ich schon, das hatte ich schon, das stimmt so, ist mir ein Begriff. Allerdings handelt es sich nicht um Lebensmittel, Naturschauspiele, Lebensphilosophien, lästige Alltagsprobleme, Musikkategorien, Angie, Durchhalteparolen, Biersorten, Musiker, Bergungeheuer, Liebhaber oder eine Stadt in der Mitte Deutschlands – nein, es handelt sich um Pferdenamen. Um aussagekräftige Kampfnamen stolzer Rösser. Um den Ausdruck der Persönlichkeit der edlen Tiere und ihrer Besitzer.

Hier haben wir auch den Schuldigen für diese kuriose Benennung von Pferden. Pferdebesitzer sind es, die ihren Rössern den Namen auferlegen. Der Kreativität und vielleicht auch Gleichgültigkeit sind dabei keine Grenzen gesetzt. Anders als bei Menschennamen, die zwar oft extrem komisch und unglücklich sind, gibt es keine verbotenen oder diskriminierenden Namen, wenn es um Pferde geht. Hier ist alles erlaubt, hier betreten wir das Land der unbegrenzten Möglichkeiten, natürlich nur, wenn man die von den Zuchtvereinigungen auferlegten Regeln beachtet.

Der Nachwuchs hat mit dem Anfangsbuchstaben des Vaters anzufangen, handelt es sich um deutsche Sportpferde. Um das zu veranschaulichen: der Hannoveraner Vererber Goldfisch II mit der Lebensnummer DE331310313735, geboren am 01.01.1935, gilt als Begründer der Goldfisch-II-Linie. Vater von Goldfisch II war nicht etwa Goldfisch I, sondern Goldammer II, Goldfischs Mutter war Flugfeuer II. Nachkommen dieser Goldfisch-II-Kollektion sind namhafte Hengste und Stuten wie Goldtante, Goldfront, Goldschnitt, Goldbuche, Goldjagd, Goldmärchen, Goldrebe, Goldstunde, Goldpuppe, Goldgraeber, Goldfoerster, Goldprinzess, Goldwelle, Goldlupe, Goldluft, Goldlady, Goldperle, Goldgrotte, Goldschiff, Goldschleife, Goldhaube, Goldwunder, Goldliese, Goldhalle, Stute von Goldfisch II und Gottschalk. Man sieht, Gold wird besonders gerne namentlich vergeben, zum einen, um auf den Vater hinzuweisen, zum anderen ruft Gold nur positive Konnotationen hervor; aber vielleicht auch, weil es um die Kreativität der Pferdezüchter nicht so gut bestellt ist.

Ist der Nachwuchs allerdings ein Pony in der deutschen Zucht, also besitzt das Tier, wenn es ausgewachsen ist, ein Stockmaß unter 1,48 m beziehungsweise 1,49 m mit Hufeisen, dann ist ein weibliches Fohlen mit dem Anfangsbuchstaben der Mutter zu benennen und ein männliches Fohlen mit dem Anfangsbuchstaben des Vaters.

Ab und an beinhalten Pferdenamen eine Art Familiennamen, welcher Auskunft über die Zuchtstätte oder den Züchter gibt. Diese Zusätze des Pferdenamens müssen laut FN mindestens drei und dürfen höchstens zwanzig Zeichen beinhalten und können vorangestellt oder auch hinter dem Namen verewigt werden. Man spricht deswegen auch von der Präfix- und Suffixvergabe. Der Sprachfreund wird jetzt wissend nicken.

Ein Präfix (Vorsilbe) beschreibt die Voranstellung, das Suffix (Nachsilbe) die Nachstellung in einem Wort. Bei Kaltblütern und schweren Warmblütern sind nur Suffixe erlaubt, alle anderen Pferdemodelle erlauben beides. Möchte ein Züchter hiervon Gebrauch machen, so hat er einen Antrag über die FN beim Central Prefix Register in England zu stellen, nach erfolgreicher Annahme ist sein Kürzel dann für 30 Jahre geschützt, und der Pferdezüchter kann sein Copyright vor/hinter den Namen des von ihm gezüchteten Pferdes setzen.

Präfixe/Suffixe können auch als Auszeichnung vergeben werden. Der Hannoveraner Zuchtverband vergibt die Auszeichnung FRH für besonders leistungsstarke Pferde. Einige Beispiele sind Chipmunk FRH, Don Johnson FRH oder FRH Butts Leon. Dieses FRH steht für den Verein zur Förderung des Reitsports auf hannoverschen Pferden, welcher nicht nur die Auszeichnung vergibt, sondern auch Reiter und Pferde fördert und sich um das Sponsoring der Teams kümmert.

Sowieso kann sich der akribisch und nach strikten Regeln ausgesuchte Zuchtname von dem Rufnamen unterscheiden, und dieser wiederum von dem Turniernamen. So startete der Holsteiner Hengst Casper (Vater Cassini I) im Turniersport unter dem Namen Eurocommerce Berlin. Das hatte den Grund, dass das Tier durch seinen Namen zu einem Werbeträger wurde und sich ganz nebenbei noch ein paar Mark dazuverdienen ließen. Möchte man sein Pferd jedoch bei der FN mit einem Werbenamen benennen, wird eine Gebühr von 150 Euro fällig. Hierfür gibt es ein Formular, mit dem man auch die Namensänderung des Pferdes, den Besitzerwechsel und die Anmeldung des Tieres als Turnierpferd beantragen kann. Ein ausländisches Turnierpferd bei der FN anzumelden kostet übrigens mehr als ein in Deutschland gezüchtetes Tier. Der Gedanke, Ausländer stärker zu belasten als Inländer, existiert also nicht erst seit der Mautdebatte.

Auch der Wolfenbütteler Spirituosenfabrikant Wilhelm Mast, bekannt für seine Werbetüchtigkeit, sprang auf diesen Werbezug auf. Er kaufte 1971 das erfolgreiche Springpferd Terminus für 400.000 DM und taufte es für die folgenden Reitturniere auf den Namen Jägermeister.

Claudio Pizarro, Fußballer bei Werder Bremen, ehemals Bayern München, ehemals Werder Bremen, besitzt einige Rennpferde, die er gerne nach Ereignissen oder Dingen benennt. So heißt eines seiner Wundertiere Oktoberfest, ein anderes El Tren (der Zug, Spitzname des früheren Bayern-Stürmers Adolfo Valencia). Sein neuestes Pferd taufte er auf den schönen Namen Klassenerhalt, als Werder nach der Saison 2015/16 knapp dem Abstieg entging. Oktoberfest vs. Klassenerhalt. Pizarro versteht es wie kein anderer, sich mithilfe seiner Pferde auszudrücken.

Namen variieren auch nach Pferderassen bzw. nach den Herkunftsländern der Pferde. Deutsche Sportpferde, siehe Goldfisch und seine diversen Zöglinge, tragen oft heroische, tugendhaft deutsche Namen, wie Goldbuche. Islandpferde haben oft isländische Namen, wie Klettur frá Hvammi, die natürlich keiner versteht, wahrscheinlich selbst Isländer nicht. Das Araberpferd wiederum heißt gerne edel und exotisch, wie z.B. Al Adiyat Inshass. Westernpferde tragen oft sehr lange Namen, welche jedoch bei genauerer Betrachtung relativ sinnfrei sind. Exchange's Battle Creek wäre übersetzt die Kriegsbucht des Austausches, Smooth Sugar Devil der feine Zuckerteufel, und He's a Sailing King ist ein segelnder König.

Der Vater meines Pferdes, ein holländischer Friesenhengst, der leider schon tot ist, hieß Foppe. Seine Vorfahren wiederum trugen Namen wie Ferdinand, Kasper und Atze. Der Holländer weiß, wie man bodenständige Namen vergibt. Auch ist der Holländer in der Pferdezucht sehr eigen. Friesen sind die einzige holländische Pferderasse. In ihrem Stammbuch ist für jedes Friesenpferd ein Inzuchtfaktor angegeben, der die prozentuale

Betroffenheit des Genmaterials angibt. Das hat geschichtliche Gründe. Um 1900 gab es nur noch drei Friesenhengste. Man hätte Inzucht vermeiden können, indem man fremdes Blut zuführt. Aber das wollten die Holländer nicht. Lieber Inzuchtfaktor als Fremdblut.

Pferdenamen müssen nicht unbedingt zum Pferd passen. Einen Zuchthengst kann man durchaus Gay Bar King nennen. Oder ein Springpferd Käsebrot. Oder ein kleines ▶Shetty-Pony Giantness. Oder wie wäre es mit ein wenig Alkohol? Cuba Libre, Tequila, Wodka oder Bacardi sind sehr beliebte Pferdenamen. Wer gänzlich unkreativ ist, findet natürlich im Internet Vorschläge für Pferdenamen, teilweise sogar mit Charaktererklärungen. Demnach ist Candle Light neugierig, Sir Galahead zurückhaltend und Fearless ein Spaßvogel. Mh, ich hätte jetzt auf mutig getippt.

BLACK OR WHITE

Füchse gibt es wie Sand am Meer, sagt man in der Reiterwelt. Die hellbraunen Pferde mit gleichfarbigem Behang sind nicht die erste Wahl des modebewussten Reiters. Und nein, man sagt nicht: »Dieser Hengst hat aber einen besonders schönen Behang«, wenn man das Geschlechtsteil des Tieres meint. Man meint hiermit die Stellen des Pferdes, an denen die Haare etwas länger sind als am Rest des Tieres, nämlich an der Mähne (die langen Haare am Hals) und am Schweif (die langen Haare am Ende des Tieres, welche oft fälschlicherweise Schwanz genannt werden, was aber wiederum eine andere Bedeutung hat).

Füchse sind nicht nur unbeliebt, weil es so viele von ihnen gibt, sondern auch weil sich ihre Fellfarbe mit vielen Trendfarben von Pferdeaccessoires beißt. Pink und hellbraun – ein No-Go. Auch der etwas dunklere Braune mit schwarzem Behang lässt sich nicht so gut mit Pink kombinieren. Diese beiden Grundfarben gibt es in etlichen Variationen, beim Fuchs zum Beispiel unterscheidet der versierte Reiter zwischen Hellfuchs, Dunkelfuchs, Kupferfuchs, Rotfuchs, Kohlfuchs und Schweißfuchs, welche teilweise Raritäten darstellen. Ein glänzender Dunkelfuchs ist relativ selten und erhascht von Pferdefreunden anerkennendes Bestaunen.

Der Fuchs hat wenig mit dem putzigen Wildtier gemeinsam. Außer der Farbe. So, als würde man weiße Pferde Eisbären nennen. Oder schwarze Pferde Panther. Tut man aber nicht, man nennt sie Schimmel und Rappen.

Ein Rappe löst in den meisten Fällen, ähnlich einem Dunkelfuchs, Entzücken aus. Er kann zum einen alles tragen, weiterhin macht ein pechschwarzes Pferd was her, es drückt in besonderem Maße Dynamik und Kraft aus, sodass zum Beispiel die Autowerbung gerne ein schwarzes Pferd neben dem zu erwerbenden Geländewagen galoppieren lässt. Außerdem waren die Serienstars Fury und Black Beauty Rappen. Es sprachen damals viele Gründe für den Erwerb meiner schwarzen Stute.

Auch Schimmel sind beliebte Werbemodelle, meist im Zusammenhang mit einer märchenhaften Zauberwelt. Schimmel können als Fohlen alle möglichen Farben haben, bevor sie mit der Zeit immer weißer werden, also ausschimmeln. Das Ausschimmeln wird verursacht durch das Grey-Gen, einer Mutation vom STX17-Gen. Diese Grey-Mutation bewirkt auch eine erhöhte Anfälligkeit für Melanome, knubbel- und tumorartige Auswuchtungen, die bei Schimmeln aber meist gutartig sind. Logischerweise werden diese Melanome, die nur Schimmel befallen können, auch Schimmelmelanome genannt. Wegen dieser Knubbel meiden einige Pferdefreunde Schimmel, aber auch, weil Schmutz auf ihnen stärker ins Auge fällt und sich ihr Fell, gerade wenn sie im Mist lagen, schnell gelblich verfärbt.

Sonderfarben, die nicht alltäglich sind und auffallen, werden bei Pferdebesitzern immer wieder gerne genommen. Ich kann mich noch gut daran erinnern, als der Pferdehändler mein Pony Bruno vom Hänger holte. Ich hatte Bruno zuvor noch nie gesehen, und er sollte erstmal als Übergangspony auf meiner Weide grasen. Meine Enttäuschung, einen einfachen Braunen vorgesetzt zu bekommen, schwang bei genauerer Betrachtung in Begeisterung um. Denn Bruno war ein Goldfalbe! Mehr noch, seine Körperfarbe wurde im Winter deutlich heller, und sein goldfarbenes Fell wies dann eine deutliche ▶Äpfelung auf, während sein schwarzer Behang erhalten blieb.

Auch Scheckpferde waren vor einem Jahrzehnt eine Besonderheit, mittlerweile enthält fast jede Pensionsstallherde einen oder mehrere Schecken. Schecken sind die Pferde, die einer norddeutschen Milchkuh ähneln, weil sie Flecken in mehreren Farben vereinen. Nun gibt es allerdings nicht nur die gewöhnliche Milchkuhfärbung, die Schwarz-Bunte, bei Pferden Rappschecken genannt, sondern Schecken sind in allen Grundfarben möglich, wie Fuchsschecken und Braunschecken. Die Scheckung ist eine Störung, bei der bestimmte Areale der Pferdehaut nicht zur Farbbildung animiert werden und dann weiße Haare bilden. Sie kann nicht gesteuert werden, sondern erfolgt zufällig. Neben der hier genannten Plattenscheckung können Pferde auch eine Tigerscheckung aufweisen. Ein Tigerschecke hat keine plattenartigen Flecken, sondern nur kleine Flecken auf weißem Fell, so wie das Pferd von Pipi Langstrumpf, »Kleiner Onkel«. Diese Art von Scheckung ist auf eine Mutation zurückzuführen. Sie sind sozusagen die X-Men der Pferde. X-Horses. Leider sehen sie so gar nicht nach Tigern aus, das Ganze wirkt eher ein wenig lustig. Sie haben auch keine Superkräfte, außer dass Menschen viel Geld bezahlen für die eigenartige Färbung. Und gegenüber den anderen Pferden sind sie sogar im Nachteil. Es kann passieren, dass eine Herde, bestehend aus mehreren dunkleren Pferden, die auffällig und leuchtend gezeichneten Pferde mobbt. Anders macht Angst, und außerdem könnten die auffälligeren Artgenossen böse Tiere anlocken. Dann wäre die ganze Herde in Gefahr. Dieses

Black and white

Risiko möchte die Herde nicht eingehen, und so werden Schecken und Schimmel gerne mal ausgegrenzt.

Die Präferenz, die eine Reiterin für eine bestimmte Farbe ihres vierbeinigen Begleiters an den Tag legt, deckt sich nicht unbedingt mit den Vorstellungen von Pferden über die Farbe ihrer liebsten Herdengefährten. In Wirklichkeit kommt es auch nicht auf die Farbe an, sondern auf den Charakter. Der ist nämlich astrein bei meiner Stute. Aber das konnte ich, bevor ich sie kaufte, noch nicht ahnen. Damals scheuchte das rabenschwarze Biest ihre Weidekollegin vor sich her und drohte jedem, der sich ihr näherte, mit Tritten und Bissen.

SIZE MATTERS

Größe spielt in der Pferdewelt eine große Rolle. Pferde variieren in ihrem Stockmaß gewaltig, was natürlich daran liegt, dass der Mensch durch die Auswahl bestimmter pferdischer Sexualpartner auf diese Größen hingearbeitet hat.

Das größte Pferd laut Guinness-Buch der Rekorde ist Big Jake mit einem Stockmaß von 2,10 m. Big Jake lebt in den USA im Bundesstaat Wisconsin. Einstein hingegen hatte bei der Geburt eine Körpergröße von 35 cm Stockmaß. Er gehört der Rasse American Miniature Horse an und wuchs in New Hampshire, USA, auf. Ausgewachsen hält Thumbelina den Rekord im Guinness-Buch, mit einem Stockmaß von 44,5 cm. Auch sie ist in den USA ansässig und wurde dort gezüchtet, nämlich in St. Louis.

Laut American Miniature Horse Association (AMHA) darf das American Miniature Horse kein Stockmaß über 34 inches haben (ca. 86 cm) und muss dem Association Standard of Perfection entsprechen. Es wird versucht, ein möglichst kleines Tier zu züchten, welches aber nicht aussieht wie ein Pony, sondern das Exterieur (Körperbau) eines edlen Großpferdes haben soll. Früher wurden die Tierchen als Spielgefährten für europäische Königskinder gezüchtet. Heute nehmen die Besitzer mit ihren Spielzeugen in Pferdeform an Schönheitswettbewerben teil, bei denen die zierlichen Tierchen Kutschen mit im Vergleich zu den Tieren überdimensionalen Amerikanern ziehen, was ziemlich merkwürdig aussieht. Bei anderen Minipferdeprüfungen rennen Herrchen oder Frauchen neben ihrem Tier durch einen Parcours mit Spielzeughindernissen, während das Minipferd über die Hindernisse springt. Dieser Wettbewerb kommt dem Agility für Hunde nahe, bei dem Hundehalter mit ihrem Tier durch einen ähnlichen Parcours sprinten.

Die AMHA belohnt es, wenn Mitglieder Zeit mit ihrem Spielzeug verbringen. Jedes Mitglied kann seine Stunden für Fellpflege, Hufpflege, Teilnahmen an Paraden und Shows sowie für das nötige Training und die Vorbereitung, das Anspannen vor die Kutsche sowie die Zeiten für den Einsatz des Kuscheltiers als Therapiegegenstand anzeigen und wird dann von der AMHA mit Zertifikaten, Stickern oder Veröffentlichungen von Fotos mit Herrchen und Frauchen und natürlich dem Pferdchen im hauseigenem Magazin belohnt. Ich bin ein wenig neidisch, dass es keine Stelle in Deutschland gibt, bei der ich die Zeit, die ich mit meinem Pferd verbracht habe, zertifizieren lassen kann. Es sind mittlerweile schon über 20 gemeinsame Jahre vergangen, und ich denke, wir hätten es nicht nur einmal auf das Cover der Wendy geschafft!

Natürlich sind die kleinen Pferdchen die absoluten YouTube-Stars. Fast sechs Millionen Klicks hat Einstein vorzuweisen, wohingegen die Riesen in der Pferdewelt nur auf knapp über zwei Millionen Klicks kommen. In den Videos spielen die Minipferdchen mit Kindern, schlafen auf dem Schoß ihrer Besitzer, teilen mit diesen Haus und Hof und sogar das gepflegte Bierchen in der Kneipe. Überall rufen sie Entzücken hervor. Kinder stürzen sich quiekend auf die

Tierchen, und die Erwachsenen schauen sich zumindest nach ihnen um.

Je kleiner die Tiere sind, desto besser. Thumbelina und Einstein leiden unter *equidem Zwergenwuchs*, einer Mutation der Gene, bei der das Skelett krankhaft deformiert wurde. Dieses betrifft vor allem die Beine, das Rückgrat und den Kopf sowie die Zähne. Deswegen sehen sie witzig aus. Sie haben riesige Köpfe, einen gedrungenen Körper und ähneln selbst ausgewachsen kleinen süßen Steiff-Tieren. Sie erwecken durch das Kindchenschema Gefühle der Entzückung und fördern das Fürsorgeverhalten bei Menschen, was dem Verhalten von Menschen, wenn sie einen Säugling sehen, nicht unähnlich ist. Gequietsche, »Och wie süß!«-Ausrufe, bis hin zur Rudelbildung sind damit erklärbar. Sowas gibt es sonst nur noch bei Justin Biber!

Man kann sich denken, dass diese Skelettdeformierungen der Pferdezwerge auch Probleme mit sich bringen können. Die meisten von ihnen werden nicht sehr alt. Laufen, Atmen oder Fressen können problematisch werden, oft sind die Tiere zeugungsunfähig. Thumbelina ist in ihren Videos oft mit orthopädischen Stützen, die Gipsverbänden ähneln, zu sehen. Das alles hält den Menschen nicht davon ab, weiteren Rekorden nachzujagen und noch kleinere Pferdchen zu züchten.

Neben den American Miniature Horses sind die Falabella Ponys beliebte Kleinzüchtungen. Sie stammen aus Argentinien und haben ein Stockmaß um 70 cm. Etwas größer und auch zäher ist das Shetland-Pony (ca. 102 cm Stockmaß), das seine Heimat auf den windigen und kargen Shetlandinseln nordöstlich von Schottland hat. Es ist ein beliebtes Kinderreitpony, auch wenn es gelegentlich etwas stur sein kann.

Auch das robuste riesige Shire Horse kommt aus dem Vereinigten Königreich, es hat ein Stockmaß um 1,80 m und wurde als gutmütiges und kräftiges Arbeitspferd gezüchtet. In der Guinness-Brauerei in Dublin waren sie um 1850 beliebte

Zugtiere, um das geliebte Motivationsmittel von der Brauerei in die Pubs zu transportieren. Zwei Pferde zogen einen Wagen mit 12 bis 20 Fässern und somit ein Gewicht von bis zu vier Tonnen. Allerdings kann ein Shire Horse selbst schon mal über 1.200 kg schwer werden, und so ist es von Vorteil, dass diese Riesen gutmütig sind. Weitere bevorzugte Draft Horses waren das englische Suffolk Punch, das schottische Clydesdale und das französische Percheron. Es waren die Deutschen, die die schweren Arbeitspferde arbeitslos machten und somit ihren Nutzen auf Fleischlieferant und Liebhaberstück einschränkten. Das Böhmische Brauhaus in Berlin ersetzte 1898 die ersten Pferdebierwagen durch Fahrzeuge mit Verbrennungsmotoren.

Die schweren Arbeitspferde werden Kaltblüter genannt. Ein Kaltblüter ist kein besonders gewissenloses, skrupelloses Ross, sondern sein Blut kocht nicht so schnell über wie das Blut eines Vertreters der Kategorie Warmblüter oder vor allem Vollblüter. Sie sind allerdings nicht sonderlich schnell, sondern machen alles bedacht und langsam, sie sind die Faultiere unter den Pferden. Kleinere Ausgaben dieser ruhigen Vertreter gibt es auch in der Ponyedition. Der Haflinger erinnert von der Statur her sehr an einen Kaltblüter, allerdings wurde im Laufe der Zeit auch eine leichtere Version als Sportmodell gezüchtet. Alle haben sie eine blonde Mähne als Erkennungsmerkmal und fuchsfarbenes Fell. Auch der Norweger ist wie der Haflinger ein Endmaßpony, gutmütig und schwer. Und er hat eine Sportausgabe vorzuweisen. Das Besondere am Norweger ist allerdings die zweifarbige Stehmähne. Das hat sonst kein anderes Pferd! Das Innere der Mähne ist schwarz, das Äußere weiß. Die Mähne steht natürlich nicht von alleine, sie wird vom Menschen sorgfältig geschnitten und frisiert, sodass das gewünschte Erscheinungsbild erreicht wird.

Hinter dem Namen Warmblüter verbirgt sich das moderne Sportpferd. Jedes Land und in Deutschland auch fast jedes Bundesland sowie einige Städte haben ihre eigene Züchtung, die auch untereinander veredelt und gekreuzt werden. Die Vorfahren meines Pferdes sind unter anderem Oldenburger und Hannoveraner. Es gibt aber auch Baden-Württemberger oder Holsteiner. Möchte man das edle Sporttier als kleinere Edition, also als Pony, verwendet man einfach den Sammelbegriff »Deutsches Reitpony«. Da ist es dann egal, wo genau das Tier gezüchtet wurde.

Rennpferde sind fast ausschließlich Vollblüter, obwohl auch Kaltblutrennen ausgetragen werden, um ab und zu etwas Abwechslung im Zeitlupentempo anzubieten. Einige Vollblüter sind total crazy und rasten eher aus als schwerere Pferdevertreter, sodass der Freizeitreiter, der ein geschundenes, für Rennen unbrauchbares und schlachtreifes Vollblutpferd rettet, meist sehr viel Geduld und Zeit investieren muss, bis er mit dem Tier umgehen kann.

In den meisten Fällen überlegt sich der Reiter ganz genau, welches Pferd am besten zu ihm passt. Denn so ein Pferd lebt 20 bis 30 Jahre. Und wer möchte schon sein Leben lang in einer falschen Beziehung leben? Nicht jedes Pferd und jeder Mensch passen zusammen. Ein ängstlicher und hibbeliger Mensch braucht ein ruhiges Pferd und würde einen ohnehin schon nervösen Vollblutaraber total kirre machen.

Ein Pferdefehlkauf kann nicht einfach in den Schrank gehängt oder in den Altkleidercontainer geworfen werden. Also, Augen auf beim Pferdekauf! Und sollte man nach dem Kauf dann doch feststellen, dass ein anderer Pferdepartner die bessere Wahl gewesen wäre, hilft alles nichts, man sollte Schluss machen. Denn das Pferd hat nichts davon, wenn der Mensch sich nur widerwillig mit ihm beschäftigt, selbst dann nicht, wenn er ein Zertifikat dafür bekommt.

Mein Pferd ist nicht stur, es hat nur Charakter
Besondere Pferdepersönlichkeiten

Danedream

Stute legt Tellerwäscherkarriere hin. So lautet die Schlagzeile eines Zeitungsberichts aus dem Jahre 2011. Und wenn es einen lebenden Beweis für den amerikanischen Traum vom Tellerwäscher zum Millionär gibt, dann die Vollblutstute Danedream.

Die in Deutschland gezogene englische braune Vollblutstute erblickt im Jahre 2008 das Licht der Welt. Unscheinbar sieht sie aus. Oft wirkt sie schläfrig. Sie frisst gerne und lässt oft den Kopf hängen. Ihr Besitzer Gregor Baum ist wenig von ihrer Renntauglichkeit überzeugt und will sie im Alter von zwei Jahren auf der Frühjahrsauktion in Iffezheim nahe Baden-Baden versteigern. Vorerst geht niemand auf das Startangebot von 9.000 Euro ein, doch mit etwas Geduld wird Baum seine Danedream noch los, an die Möbelhändler Helmut und Heiko Volz, Vater und Sohn. Sie wollen nach eigener Aussage ein »Spaßpferd« kaufen, welches vielleicht an ein paar kleineren Rennen teilnimmt. Und sie werden ihren Spaß an Danedream haben, im Gegensatz zu ihrem Vorbesitzer.

Im Jahr 2010 gewinnt Danedream einige kleinere Rennen für die Möbelhändler. Doch zur Spitze des Rennsports zählt sie noch nicht. 2011 ist dann ihr Jahr. Sie feiert Siege im italienischen Stuten-Derby, im Grand-Prix-Rennen in Berlin-Hoppegarten und Baden-Baden, woraufhin ein japanischer Investor die Hälfte des Pferdes käuflich erwirbt. Als Höhepunkt siegt sie beim Prix de l'Arc de Triomphe in Paris-Longchamp, dem prestigeträchtigstem Galopprennen der Welt. Dort dominiert sie das Feld mit fünf Längen Vorsprung und verbessert den damaligen Bahnrekord. Die Zeitungen sind voll mit ihrem Antlitz. Sie wird als Wunderpferd betitelt und zur Hoffnungsträgerin des deutschen Rennsports. Weiterhin wird sie Galopper des Jahres 2011, mit 90% Zustimmung der abgegebenen Stimmen, was den Höchstsatz bei dieser Wahl seit der Einführung im Jahre 1957 bedeutet. 2012 kann sie ihren Titel sogar verteidigen.

2,8 Millionen Euro hat Danedream für die Möbelhändler eingaloppiert. Nach dem Rennen in Paris ist sie haushohe Favoritin in der Welt der Galopper. Dieses wird auch durch das höchste Generalausgleichsgewicht aller Zeiten deutlich: 104 kg. Die Leistungsfähigkeit von Galopprennpferden wird durch genau dieses Gewicht definiert, das heißt ein leistungsstarkes Pferd muss mehr Gewicht tragen als ein mittelmäßiges Pferd und erst recht mehr Gewicht als ein schwaches Pferd. So werden die Rennen nicht zu langweilig und die Sieger stehen nicht von Anfang an fest. Schließlich wäre sonst das Wetten auch etwas einseitig und vorhersehbar.

Nach einigen weniger überzeugenden Auftritten reden viele das Ende von Danedreams Karriere herbei. Doch Danedream sorgt dafür, dass ihr Trainer Schiergen und ihr Jockey Starke von der Queen geehrt werden, als sie das King George VI. and Queen Elisabeth Stakes gewinnt. Auch in Baden-Baden kann sie ihren Sieg wiederholen, und ein weiterer Start in Paris ist in Planung. Doch ausgerechnet ein anderes Lebewesen ihrer Spezies beendet ihre Karriere. Ein Pferd in einer benachbarten Tierklinik löst durch seine infektiöse Krankheit eine Quarantäne aus, und Danedream muss auf einen Start verzichten.

Danedream soll es nur recht sein. Sie wohnt mittlerweile in England und hat Verkehr mit den besten englischen Vollbluthengsten, ernährt sich auf satten saftigen Weiden und zieht süße kleine Rennfohlen groß. Und ist somit immer noch ein sehr gewinnbringendes Ross mit einer Lebensgeschichte, aus der Legenden gemacht werden.

Bruno

Was, Sie kennen Bruno nicht? Dieser Name aus der großen weiten Pferdewelt ist Ihnen unbekannt? Zeit, das zu ändern und Ihren Kopf mit weiterem unnützem Wissen zu füllen.

Bruno entstammte aus dem Ponyzuchtgebiet Weser-Ems, hatte ein Stockmaß von 1,34 m, was ihn zu einem ▶M-Pony machte, war ein Goldfalbe und so ziemlich das schnellste Pony rund um Loppersum, was auch Canhusen und Wirdum mit einschloss.

Und er war mein Pony. Mein ganzer Stolz und mein bester Freund, seit ich 13 Jahre alt war. Ich wollte schon immer ein Pony haben, seit ich denken kann eigentlich, und so war Bruno mein wahrgewordener Lebenstraum.

Dem ich natürlich auch alle Wünsche erfüllte. Als Bruno bei Regen zitterte, musste mein Vater eine Hütte für ihn bauen. Bruno stand schon darin, als nur die vier Pfeiler und das Dach aufgebaut waren. Mein Vater hämmerte noch daran herum, als es anfing zu regnen und Bruno sofort dort Unterschlupf suchte.

Bruno wollte nicht alleine sein, denn Pferde sind Herdentiere, und so hatte er immer einen Pferdekollegen und auch eine Zeitlang einen Eselhengstkollegen (siehe Bileam) bei sich auf der Weide. Diese durften allerdings nicht seine Hütte benutzen. Da war er eigen. Die armen Beistelltiere durften höchsten einen Schweif in seine Hütte schieben.

Meistens war Bruno ein sehr freundliches Wesen, bei Dorffesten durften die Kinder auf ihm reiten und ihn streicheln. Doch so war er nicht immer gewesen. Als ich meine ersten Freunde mit nach Hause brachte, mussten die erstmal den Wesenstest bestehen: einmal auf Bruno reiten. Vereinigten die Typen zu viele schlechte Eigenschaften in sich oder waren sie einfach nur etwas zu arrogant, so flogen sie im hohen Bogen in den Matsch. Dabei ging Bruno sehr hinterlistig vor. Er machte

Bruno – meine erste große Liebe.

erst auf braves Pony, um Vertrauen zu erhaschen. Dann ging die Show los. Bocken, Haken schlagen, scharfe Kurven, plötzliches Losrennen – wie Achterbahnfahren, ohne angeschnallt sein. Von einem Typen glaube ich immer noch, dass Bruno ihn ermorden wollte. Bruno rannte in dem Moment los, als ein Trecker ihn überholen wollte und warf den Kerl vor dem Trecker ab. Nicht immer ist der Gärtner der Mörder. Manchmal ist es auch das Pony.

Den Titel »schnellstes Pony von Loppersum« erkämpften wir uns in einem inoffiziellen Ponyrennen auf der Strecke nach Canhusen, wo wir wendymäßig auf eine Gruppe unbekannter arroganter Ponymädchen trafen, deren Anführerin meinte, ihr Pony wäre sowieso das schnellste. Bruno konnte sehr unschuldig gucken. Sie unterschätze ihn. Und so nahmen wir das Ponyrennen an, in dem es um das höchste Gut in der Wendyponywelt ging, das es zu gewinnen gab – die Ehre. Beim Startschuss lag sie noch vorne, dieses arrogante kleine Mädchen, aber dann drängelte sich Bruno zwischen die anderen Ponys und drängte sie an den Rand des Grabens. Heroisch überquerten wir als Erste die Ziellinie. Es war so ein Triumph!

Ich nahm mit Bruno an einem Springturnier teil, bei dem er versuchte, den Reitlehrer umzurennen (ein oft miesgelaunter alter Herr), wir versuchten uns im Gruppenausritt des Reitvereins Krummhörn, doch Bruno wollte auch dort seine Rennqualitäten zeigen und tänzelte so lange herum, bis er in einem Affentempo an allen vorbeipreschte und kilometerweit vor den anderen Pferden rannte. Als ich zu einer Party auf einem Bauernhof in der Umgebung eingeladen wurde, ritt ich einfach hin und übernachtete mit Bruno in der angrenzenden Scheune. Wir waren bei Ponyspielen und Distanzritten und sogar bei einer Hochzeit dabei, bei der wir hübsch angezogen in weißer Reithose und schwarzem Jackett zusammen mit vielen anderen Reitern Spalier stehen und das Brautpaar nach der Kirchenzeremonie begrüßen sollten. Ich habe davon noch Fotos, genau vor dem Kircheneingang ist ein riesengroßer Pferdehaufen zu sehen. Den hatte Bruno dort platziert. Aus der Ehe wurde nichts, das Paar hat sich getrennt. Bruno hatte eben immer Recht!

Bruno starb als sehr altes Pony in meinen Armen. Das ist jetzt lange her, und trotzdem erscheint er immer noch in meinen Träumen. Ich werde dich nie vergessen, meine erste große Liebe! Danke für eine tolle Jugend.

Bileam

Als ich über Weihnachten meine alte Heimat Ostfriesland besuchte, traf ich zufällig eine alte Bekannte wieder. Wir waren uns nicht mehr ganz sicher, woher wir einander kannten. Doch dann fiel ihr der perverse Bileam ein. Ich hätte mir eine andere Verbindung gewünscht, aber immerhin sorgt er scheinbar dafür, dass einige Menschen sich an mich erinnern.

Streng genommen dürfte dieser Name nicht in diesem Kapitel erscheinen. Denn Bileam war keine Pferdpersönlichkeit, sondern eine Eselpersönlichkeit. Demnach war er ein Vertreter der Gattung *Equus*, was die Zugehörigkeit in der Pferdefamilie anzeigt. Hierzu gehören auch die Zebras. Erstaunlich ist, dass es möglich ist, diese verschiedenen Vertreter der Pferdefamilie untereinander zu kreuzen. Haben ein Pferd und ein Esel Spaß miteinander, und wird dabei ein Fohlen gezeugt, so ist es ausschlaggebend, wer von den beiden Frau und wer Mann, also Stute und Hengst ist. Ist der Esel ein Hengst und die Stute ein Pferd, so wird das Fohlen ein Maultier, auch Muli genannt. Ist das Pferd ein Hengst und die Stute ein Esel, so wird das Fohlen ein Maulesel. Dabei kommt es immer auf die Stute an. Denn diese ist dominant bei der Weitergabe des Genmaterials. Also ist ein Maulesel auch dem Esel ähnlicher und ein Maultier dem Pferd. Es würde nun kompliziert werden, würde man einem Maulesel-

Bileam, der unerschrockene Eselcasanova.

hengst eine Pferdestute zuführen. Das Ergebnis wäre dann ein Maultier. Noch komplizierter wäre es, wenn das Maulseltier sich jetzt mit einem Maulesel kreuzen würde. Eine Bezeichnung dafür zu finden wäre äußerst schwierig, und irgendwann wüsste keiner mehr, was gemeint ist. Und damit wir nicht lange nachdenken und uns merkwürdige Namen für irgendwelche weiteren Gattungen ausdenken müssen, hat die Natur es uns einfach und Maulesel und Maultiere unfruchtbar gemacht.

Auch die die Kreuzungen zwischen Zebras und Pferden sind unfruchtbar. Diese heißen dann Zorse, egal wer wen begattet. Ein Zorse ist ein sehr sagenumworbenes Wesen, wie alle hier genannten Kreuzungen eine Chimäre, und inspirierte unter anderem die Geschichtenschreiber der Serie »Game of Thrones«. Nur dass die Tiere dort etwas stolzer, edler und gefährlicher sind als in der Realität. Im wahren Leben sieht ein Zorse eher lustig aus, wie ein Pony mit übergroßen Ohren und Streifen an einigen Körperstellen.

Eine Mischung aus einem weiblichen Zebra und einem männlichen Esel wird Ebra genannt, eine Mischung aus einem männlichen Zebra und einem weiblichen Esel Zebresel oder auch Zesel oder Zonkey. Diese Bezeichnung mag ich am liebsten. Sie klingt wie eine Verniedlichung von Zonk.

Aber zurück zum eigentlichen Thema. Bileam wollte gerne Mulis zeugen, denn er war ein Hengst und lebte in Loppersum, einem Dorf mit 1.000 Einwohnern in Ostfriesland, das leider keine Eseldame zu bieten hatte. Aber es gab ein paar Pferdestuten. Und wann immer er eine von ihnen erspähte, rannte er unter lautem IIIIIH-AAAAH!-Geschreie los und war nicht mehr zu stoppen. Die Tatsache, dass er jedes Mal erfolglos blieb, schreckte ihn nicht weiter ab. Nur hatte Bileam einen Job, der wenig kompatibel mit der Stutenjagd war: er musste Feriengäste vom Schloss Loppersum (ja, es gibt zwar keinen Bäcker in Loppersum, aber ein Schloss!) mit einer Kutsche durch das Dorf führen. Der gewiefte Bauer, der dieses Ferienprogramm anbot, fand eine interessante Lösung für das Problem: er brachte eine Bremse an der Kutsche an, die mit den Füßen zu bedienen war. Die Feriengäste wurden angewiesen, diese zu betätigen, sollte der Esel losrennen und nicht mehr zu stoppen sein. So kamen rasante Ralleyeinlagen mit abrupten Stopps zustande, was natürlich nur die härtesten der Feriengäste aushielten.

Bileam war es egal. Er blieb bei seinem Programm. Auch als er Brunos Weidekollege wurde. Die Tatsache, dass Bruno ein Wallach war, störte ihn nicht sehr, und er versuchte so oft es ihm möglich war, Bruno zu decken. Bruno fand das weniger lustig und rannte los. Der Esel rannte auf zwei Beinen hinterher. Meine Eltern fanden das auch nicht sehr lustig und machten sich Sorgen, was denn die Leute aus dem Dorf denken würden.

Doch Bileam erwies sich als außerordentlich lukrativ. An Himmelfahrt hielten sechs fahrradfahrende alkoholisierte junge Männer aufgrund des niedlichen Esels an und kamen dann auf die Idee, in diesem Zustand auf meinem Pony zu reiten. Ich nahm zehn Mark pro Person. Drei fielen runter, sogar ohne Brunos Rodeoeinlagen. Ich hatte den Deal meines Teenagerlebens gemacht und kaufte auch Bileam eine Extraportion Möhren.

Jahre nachdem ich aus Loppersum in die große weite Welt zog, besuchte ich noch einmal das Zuhause von Bileam. Der Bauer fragte mich, ob ich eine Intuition gehabt hätte. Als er meine Verwunderung bemerkte, sagte er: »Bileam ist letzte Nacht eingeschlafen.«

Totilas

Können Sie sich noch an den Bravo-Starschnitt erinnern? Hatten Sie damals auch so ein riesiges Bild von irgendeinem sexy

Boy or Girl an der Wand hängen? Haben Sie alle Neuigkeiten über Ihren Star verfolgt und sind grundsätzlich in Verzückung geraten, wenn mal wieder irgendwelche News über ihn oder sie berichtet wurden?

In der Pferdewelt kommt das holländische Wunderpferd mit dem schönen Namen Totilas dem Rummel um die Bravostars schon ziemlich nahe. Dieser Hengst hat es geschafft! Er ist ein Star in der Pferdewelt, ein Held der Werbebranche, Celebrity No. 1 aller Pferdenarren.

Sie möchten einen Starschnitt? Kein Problem. Dieser ist erhältlich auf der offiziellen Homepage, wo der Ausnahmerappe seine Fans höchstpersönlich anspricht, und besteht aus neun Teilen. Oder vielleicht sind Sie an einem *Meet & Greet* mit dem heißen Hengst interessiert? Auch das ist möglich, wenn Sie Glück haben und als Gewinner aus der entsprechenden Verlosung hervorgehen. Sie fragen sich vielleicht, wie so ein *Meet & Greet* mit einem Pferd aussieht. Worüber redet man da? Über Hafer und Möhren? Über neue Mähnenfrisuren? Über heiße Stuten? Oder das Leben als Star? Allerdings ist ein Treffen mit Totilas wahrscheinlich um einiges interessanter als eines mit Daniela Katzenberger.

Aber nicht traurig sein, sollten Sie nicht zu den Gewinnern gehören. Es gibt weiterhin die Möglichkeit, einige Totilas-Fanartikel käuflich zu erwerben Das exklusive Label »Sansibar« bietet eine große Totilas-Kollektion an.

Totilas selbst ging als teuerstes Pferd aller Zeiten in die Geschichte ein. Es wird gemunkelt, dass der erfolgreiche Dressurhengst seinem neuen Besitzer Paul Schockemöhle 10 bis 15 Millionen Euro wert war. Damals war er der hoffnungsvollste Stern am Dressurhimmel, mit Topbewertungen und Siegen bei sämtlichen Wettbewerben. Selbst Weltrekorde stellte dieser Hengst auf. Zuschauerzahlen brachen alle Rekorde, denn jeder wollte diesen Märchenprinzen sehen, wie er dort in einem weiß eingezäunten Viereck zu romantischer Musik tänzelte. Für Laien mag es ausgesehen haben, als müsste der stolze Hengst nur mal aufs Klo, doch echte Pferdekenner wussten, dass unser Held hier lupenreine Piaffen und Passagen ausführte. Neider versuchten schon damals, dem stolzen Hengst nachzureden, seine stark ausgeprägte Vorderbeinarbeit im starken Trab würde nicht den Handbuch der Fédération Equestre Internationale (das höchste Organ der olympischen reiterlichen Spiele) entsprechen. Dieser Skandal zog jedoch nur noch mehr Zuschauer in den Bann des Totilas.

Schockemöhle und der neue Reiter, Alexander Rath, brachten Totilas allerdings kein sonderliches Glück. Da einkalkulierte Turniererfolge ausblieben, herrschte ein rauer Umgangston, Trainingsmethoden wie im Camp für schwererziehbare Jugendliche wurden eingeführt, und Totilas wurde mit der sogenannten Rollkur bearbeitet. Das brachte dem Besitzer eine Anzeige wegen Tierquälerei durch Peta ein, die allerdings abgeschmettert wurde. Totilas wurde 2015 aufgrund einer Verletzung, einem Knochenödem im Kreuzbein des linken Hinterbeines, aus dem aktiven Turniersport zurückgezogen und bietet nun seine Dienste als Beschäler an.

Deister

Der Deister ist ein Höhenzug im Calenberger Bergland an der Nordgrenze des niedersächsischen Berglandes nach Hannover – und ein ehemaliges Springpferd. Der dunkelbraune Hannoveraner-Wallach war ein Held meiner Kindheit, denn wann immer ich Reportagen internationaler und nationaler Springturniere einschaltete, war Deister wunderschön anzuschauen und zudem oft erfolgreich. Obwohl ich ihn immer schön fand, wurde er von seinen ehemaligen Besitzern als »hässlich« bezeichnet, mit einem viel zu dünnen Hals und einem zu großen Kopf, weswegen man sich keine hohen Summe durch den Verkauf des Tieres erhoffte.

Der 1971 geborene Wallach wurde in Verden für 17.000 DM als Dressurpferd verkauft, konnte aber seine Qualitäten als Dressurpferd aufgrund seiner ▶Guckigkeit nicht unter Beweis stellen. So kam er fünfjährig zu Hartwig Steenken, der ihn zum Springpferd ausbildete. Steenken verunglückte tödlich bei einem Autounfall, und Deister kam zu Paul Schockemöhle, welcher anfangs gar nicht glücklich mit ihm war, da das Pferd schwer und langsam zu lernen schien und sehr übereifrig war. Doch an Deister sieht man, dass langsame Lerner nicht unbedingt erfolglos bleiben müssen und ein wenig Geduld und Zuversicht sich lohnen können. Er wurde dreimalig Europameister, Mannschafts-Europameister, gewann fünffach die Deutsche Meisterschaft und hatte Anteil an einer deutschen Silbermedaille bei der Weltmeisterschaft und an einer Bronzemedaille bei den Olympischen Spielen.

Deister hasste Siegerehrungen. Da seine Geduld sehr enge Grenzen hatte, konnte er das lange Stehen, bis alle Pokale, Kränze und Schleifen verteilt wurden, kaum ertragen und war dann bei der Ehrenrunde so aufgeladen, dass er zu explodieren drohte.

1989 beendete Deister seine Springkarriere und wurde feierlich im Scheinwerferlicht in der Bremer Stadthalle verabschiedet. Zu diesem Anlass malte der renommierte Pferdemaler Klaus Philipp ein hübsches Bild von ihm, was Deister nicht so sehr entzückte wie ein Wagen voller Möhren und Hafer. Deister ertrug die Zeremonie geduldig und konnte dann endlich in die wohlverdiente Rente gehen. Er lebte noch elf Jahre auf einer Weide, bevor er im stolzen Alter von 29 Jahren verstarb. Mittlerweile wurde er sogar als Denkmal, welches seinen von einem Kranz umrandeten Kopf zeigt, in Osterbruch verewigt.

Fjala

Fjala begleitet mich nun schon 22 Jahre. Ich machte die erste Bekanntschaft mit ihr, als ich einen vierjährigen Wallach eines Pferdehändlers proberitt. Sie stand zusammen mit einer anderen Stute auf der Koppel und mir war sofort klar, dass sie die Stute war, mit der ich einen großen Teil meines Lebens verbringen würde. Fjala hieß damals Wiebke. Was natürlich ein kleines Problem darstellte. Ich taufte sie um, da wir andernfalls namenstechnisch nicht zu unterscheiden gewesen wären. »Als nächstes Paar startet Wiebke auf Wiebke«, hätte es sonst auf Turnieren geheißen, oder ich hätte ihre Schabracke mit »Wiebke« besticken lassen können und uns beide gemeint. Das ist zwar lustig, aber man muss ja nicht jede Gelegenheit ergreifen, um Spott auf sich zu ziehen. Ihr jetziger Name kommt aus dem Buch »Die Brüder Löwenherz«, das mir sehr gefällt und in dem ein Hengst mit dem Namen Fjalar vorkommt.

Mit zweieinhalb Jahren war sie überhaupt noch nicht an den Umgang mit Menschen gewohnt und auch anderen Pferden gegenüber nicht sehr sozial eingestellt. So hatten wir einen holprigen Start, denn sie verhielt sich wie ein jugendlicher Rüpel in der schlimmsten Pubertät. Als sie das entsprechende Alter hatte, gab ich sie für eine Zeit in Beritt, holte sie jedoch bereits nach einer Woche wieder zurück, da das junge Mädel Erziehungsmethoden anwandte, die man nicht einmal in einer chinesischen Eliteschule vermuten würde.

Daraufhin stellte ich Fjala mit Bruno auf die Weide, gewöhnte sie an Sattel und Trense und ritt einfach los. Da ich keinen Reitplatz hatte, zogen wir direkt ins Gelände. Ich war jung und dachte nicht ständig darüber nach, was alles schieflaufen könnte. Es ging zum Glück fast immer alles gut, wenn ich von ihrem Rücken runterrutschte, weil sie plötzliche Richtungswechsel einschlug oder überschwängliche Bocksprünge machte. Sie blieb dann treu-doof neben mir stehen, und ich

Fjala – meine Begleiterin seit über zwei Jahrzehnten.

stieg einfach wieder auf. Bis auf das eine Mal, als sie im Graben spielende Kinder entdeckte, was zu viel für ihr Nervenkostüm war. Da rannte sie voller Panik über Hauptstraßen zum Stall zurück, nachdem sie den Ballast, also mich, abgeworfen hatte.

Fjala und Bruno waren anfangs ein unzertrennliches Team. Sie waren auf der kleinen Weide in Loppersum stets unter sich, und als wir drei in einen benachbarten Reitstall umzogen, verteidigte Fjala Bruno vor den anderen Pferden, aber auch vor Brunos Reitbeteiligung. Als das junge Mädel Bruno von der Weide holen wollte, ließ Fjala sie nicht an Bruno ran und drohte ihr mit Bissen und Tritten.

Fjala ist viel rumgekommen, denn sie musste meinen nomadenhaften Lebensstil mitmachen. Wir zogen von Emden nach Oldenburg, von dort nach Göttingen, weiter nach Braunschweig und landeten in Bremen. Jede Pferdehalterin weiß, dass der erstbeste Reitstall einer Stadt meistens nicht die Residenz für alle Zeiten ist, da einige Mängel erst bei näherem Hinschauen ersichtlich werden. In einem Stall durfte jedes Pferd nur 20 Minuten am Tag auf den Paddock und war die restliche Zeit über in seiner Box eingesperrt. Im nächsten Stall gehörte ein furchtbarer cholerischer Turnierreiter zu dem armen Tier in Fjalas Nachbarbox. Andere Stallbesitzer waren extrem geizig mit ihrem Stroh und streuten die Boxen nur notdürftig ein, sodass Pferdeurin auf die Stallgasse lief. Bei anderen fehlte das Ausreitgelände. Mit anderen Worten: wir zogen auch das ein oder andere Mal innerhalb der einzelnen Städte um.

Dabei machten wir viele Bekanntschaften, einige wurden zu Freundschaften. Pferde können keine Einzelgänger sein, allerdings kommt Fjala schon ziemlich nah ran. Ich habe noch nie gesehen, dass sie an einem Fellpflegeritual mit anderen Pferden beteiligt war. Sie steht in der Herde meistens etwas abseits, als ob die anderen Pferde nicht gut genug für sie wären. Sie quiekt bei jedem Kontakt mit Artgenossen divenhaft auf und legt zornig die Ohren an. Aber natürlich auf eine sympathische Art.

Wenn ich Fotos von heute mit welchen von vor 20 Jahren vergleiche, muss ich mir eingestehen: ja, wir beide sahen vor 20 Jahren jünger aus. Und wir sind auch nicht mehr so agil wie einst. Wir gehen mittlerweile lieber spazieren, als über Hindernisse zu hetzen. Aber ich genieße jeden einzelnen Tag, den ich mit ihr verbringen darf.

Rentner mit vier Hufen
Altersresidenzen, altengerechte Beschäftigung und Abschied

Wohin mit den alten Pferden?

Wir alle lieben unsere Pferde, solange sie stark und jung und leistungsfähig sind und solange wir genügend Geld vorrätig haben, um unser Pferd und uns zu ernähren. Nur was passiert, wenn das Pferd durch Krankheit oder Unfall unreitbar wird? Was machen wir, wenn unser Pferd über 20 Jahre alt ist und wir feststellen, dass das Tier intensive Pflege braucht und wir nicht mehr mit ihm über die Felder galoppieren können wie früher?

Wie auch für alte Menschen müssen für das Pferd die Bedingungen angepasst werden. Alte Pferde brauchen eine ruhige Umgebung in kleinen Herden, mit wenigen oder besser keinen Unruhestiftern, und sie brauchen spezielles Futter, damit sie nicht zu sehr abmagern. Meine Stute bekommt Seniorenmüsli, das wie Müsli für Menschen aussieht und deshalb zur Verwirrung bei der Futtermühle meines Vertrauens führte. Ein Menschsenior freute sich schon, eine so günstige riesige Vorratspackung an Seniorenmüsli zu ergattern und wurde dann von der Futterhändlerin arg enttäuscht, als sie ihn aufklärte, dass damit ausschließlich Pferdesenioren gemeint sind.

Da Senioren mit vier Hufen nicht in den Luxus dritter Zähne kommen, sondern mit den allerersten Zähnen ihr Leben lang auskommen müssen, kann es sein, dass sie ihr Heu irgendwann nicht mehr kleinkauen können. Dann brauchen sie eingeweichten Heumatsch, auch Heucobs genannt. Und natürlich plagen sie mit dem Alter die kleinen Wehwehchen, es zieht hier und knarzt da, und die Bewegungen sind nicht mehr so rund wie in jungen Jahren. Ein altes Pferd ist viel pflege- und auch kostenintensiver als ein junges Pferd, und es ist nur noch bedingt reitbar. Also denkt so mancher Pferdefreund darüber nach, sein in die Jahre gekommenes Pferd loszuwerden.

Hier trennt sich die Spreu vom Weizen. Da kann man jahrelang noch so sehr von seinem Pferd und dem Reiten geschwärmt, noch so viele Wendys gelesen und in Pferdefrottéebettwäsche geschlafen haben – wenn der Tag kommt, an dem das Pferd nicht mehr reitbar ist, sondern nur noch gepflegt werden muss, ist es oft vorbei mit der Pferdeliebe.

Eine Möglichkeit, seinen Zossen loszuwerden, ist die Pferdeklappe. Kein Scherz. Es gibt eine Pferdklappe in Schleswig-Holstein, und zwar die erste Pferdklappe überhaupt. Die Pferdeklappe hat es sich zur Aufgabe gemacht, Menschen, die sich aus finanziellen oder gesundheitlichen Gründen nicht mehr um ihr Pferd kümmern können und ihr Pferd anonym abgeben wollen, zu unterstützen.

Aber wie kriege ich so ein 800-kg-Tier in eine Klappe rein? Brauche ich dafür einen Kran?

Die Pferdeklappe ist eigentlich keine Klappe, wie die Klappe für ungewollten menschlichen Nachwuchs, sondern eine Weide. Auf dieser Weide grasen zwei erfahrene ruhige Pferde, die das geklappte Pferd begrüßen und beruhigen sollen. Der Noch-Pferdebesitzer stellt sein Pferd einfach auf diese Weide, legt die dazugehörigen ▶Papiere in eine für diesen Zweck aufgestellte Box und entfernt sich wieder. Am nächsten Tag wird das herren- oder damenlose Pferd dann in den Stall geholt und ins Internet gestellt. Es kann nun von Interessenten adoptiert werden, gegen eine Schutzgebühr. Allerdings darf die Pferdeklappe aus tierschutzrechtlichen Gründen nur vermittelbare Pferde aufnehmen, denn es ist verboten, ein gebrechliches Tier zu einem anderen Zweck als zur unverzüglichen, schmerzlosen Tötung zu veräußern oder zu erwerben. Es können also relativ gesunde Pferde, auch Fohlen, bis zu einem Alter von 20 Jahren mit einem gültigen Equidenpass und Eigentumsurkunde geklappt werden.

Was aber passiert, wenn jemand sich nicht an diese Regeln hält und ein 25-jähriges Pferd ohne Papiere auf die Weide stellt, weiß ich nicht. Vielleicht wird es dann einfach ausgesetzt.

Pferde aussetzen? Quatsch, so etwas gibt es nicht. Man setzt Hunde aus und Katzen, vielleicht auch das Kaninchen oder die Wasserschildkröte, die zu groß für das Aquarium geworden ist, aber doch keine Pferde! Könnte man meinen. In Deutschland sind umherirrende Pferdeherden noch nicht das große Problem, aber es gibt Länder in Europa, in denen von Pferdeplagen geredet wird. Allen voran das grüne Irland. Viele Leute wollten mit den Tieren Geld verdienen, vor allem in Rennen mit teuren hochsensiblen Vollblütern, doch dann kam die Finanzkrise. Pferde waren nur noch wenig wert, man tauschte sie gegen eine Playstation oder ein Fahrrad. Fand sich kein Tauschpartner, so wurde das Tier häufig ausgesetzt. Pferde liefen auf Autobahnen und in den Vorstädten herum und verhungerten langsam. Oder sie schafften es, in nahrhaftere Gegenden auszuwandern und leben dort nun in wilden Herdengemeinschaften. In Spanien verhält sich die Sache ähnlich, auch dort streunen Pferdehorden durch die Gegend.

Der Gnadenhof ist so etwas wie das Altersheim für Pferde, der sich auf die Unterbringung und Verpflegung alter Pferde spezialisiert hat. Aber auch ein Gnadenhof will unterhalten werden, und nicht jeder Gnadenhofbesitzer setzt sich selbstlos für die Tiere ein. Einige treibt die Profitgier, sie wollen nur an den alten Tieren verdienen, indem sie viel Geld von den Besitzern verlangen, aber nur wenig davon für das Wohlergehen der Tiere ausgeben. Da die Pflege von alten Pferden intensiver ist als die von jungen, ist die Unterbringung in einem Pferdealtersheim teurer, als wenn man das Tier in einem Pensionsstall hält und sich selbst um es kümmert. Schließlich hat das Pferd nicht sein Leben lang in eine Pflegeversicherung eingezahlt, sodass hier amerikanische Verhältnisse herrschen und keine Pflegestufe beantragt werden kann.

Der Weiterverkauf als Beistellpferd mit Schutzvertrag ist ein heiß diskutiertes Thema, auch in den sozialen Netzwerken. Verkaufe ich meinen alten Zossen als Beistellpferd, so wird es fortan die Aufgabe erfüllen, einem Reitpferd Gesellschaft auf einer Pferdewiese zu leisten, ohne selbst Leistung erbringen zu müssen. Nun kommt es aber vor, dass Beistellpferde sehr günstig erworben und dann dem Pferdeschlachter zugeführt werden. Das möchte die Pferdebesitzerin dadurch umgehen, indem sie einen Schutzvertrag aufsetzt. Dabei wird der Weiterverkauf an bestimmte Bedingungen geknüpft. Allerdings handelt es sich rechtlich immer noch um einen Verkauf, und so gehen auch die Eigentumsverhältnisse auf den neuen Besitzer über. Und der kann letztendlich mit dem Tier machen, was er möchte.

Verkaufs- oder Verschenk-Anzeigen von unbrauchbar gewordenen Weggefährten sind manchmal sehr rührselig formuliert und für mich oft nur schwer zu ertragen. Ein Beispiel für eine Standardanzeige wäre folgender Text: »Mein Hannoveraner Wallach (hier bitte Name des Pferdes einsetzen) ist leider nicht mehr reitbar (hier bitte Grund eingeben). Er kann aber problemlos noch ein paar Jahre in einer Herde, Offenstall etc. verbringen. Ich gebe ihn nur schweren Herzens in allerbeste Hände ab.« Müsste der Hannoveraner Wallach auch seinen Besitzer wechseln, wenn das Tier noch brauchbar für seinen Besitzer wäre? Ich wage es zu bezweifeln.

Am besten ist es immer noch, man findet einen ruhigen Stall mit kleiner Herde und genügend Auslauf für seinen besten Kumpel. Ein bisschen Bewegung muss natürlich schon noch sein, denn: wer rastet, der rostet. Das gilt besonders für das Lauftier Pferd. Und schließlich konnte man sich doch um sein Tier kümmern, als es noch jung und knackig war. Da schiebt man so eine Pferdeoma oder einen Pferdeopa doch nicht einfach ab! Bis dass der Tod uns scheidet.

Irgendwann ist jedoch der Zeitpunkt gekommen, an dem der Pferdefreund sich von seinem treuen Freund verabschieden muss. Entweder das Tier schläft von alleine ein, oder der Pferdefreund muss sich mit der schwerwiegenden Frage beschäftigen, ob lebenserhaltende Maßnahmen noch sinnvoll sind. Falls nicht, gibt es zwei Möglichkeiten: einschläfern oder schlachten.

Das Einschläfern wird vom Tierarzt ausgeführt, hierbei entstehen dem Pferdehalter Kosten für den Tierarzt und die Tierkörperverwertungsanstalt, die das tote Tier abholt (unter Umständen wird dann Knochenmehl aus ihm gemacht, welches sich hervorragend zur Düngung eignet). Der Schlachter hingegen macht das Tier mit dem Bolzenschussgerät bewusstlos und schneidet dann die Halsschlagader zum Verbluten auf. Der Vorteil: es gibt ein wenig Geld für das Pferd. Trotzdem wird das Einschläfern von den meisten Pferdebesitzern bevorzugt. Denn es scheint ein würdevolleres Ableben zu sein für einen jahrelangen Freund.

Doch selbst die Tierkörperverwertungsanstalt klingt nicht nach einer angemessenen und würdevollen Bestattung. Pferdefreunde würden garantiert andere Arten der Bestattung wählen, gäbe es in Deutschland die entsprechende rechtliche Grundlage und somit das entsprechende Angebot. In den Niederlanden sind Einäscherungen durch Tierkrematorien erlaubt, und so entwickelte sich in Deutschland der Dienstleistungssektor der Tierüberführung mit Einäscherung in den Niederlanden. Das Pferd kann gegen eine Gebühr überführt, dort vor Ort eingeschläfert und anschließend verbrannt werden. Ist das Pferd nicht mehr bewegungsfähig, besteht auch die Möglichkeit, es in seinem Heimatstall einzuschläfern. In diesem Fall oder wenn das Tier von alleine gestorben ist, kann der Kadaver überführt werden. Nach der Einäscherung hat die ehemalige Pferdebesitzerin die Qual der Wahl. Möchte sie eine Urne und sich den ehemaligen Freund in die Vitrine stellen? Soll es ein Kristall sein, in dem die Asche des geliebten Vierbeiners eingelassen wurde, sodass man seinen ehemaligen Freund immer mit sich herumtragen kann? Möchte sie ein Armband aus den Schweifhaaren des Lieblings? Soll es ein Aschemedaillon sein? Oder soll die Asche auf einem Acker in den Niederlanden verteilt werden?

Alles auch eine Frage des Geldes. Der verstorbene amerikanische Countrysänger Roy Rogers ließ sein isabellfarbenes Pferd Trigger nach dessen Tod ausstopfen. Nachdem das für ihn errichtete Museum pleiteging, wurde Trigger für 266.500 Dollar versteigert. Als Ladenhüter entpuppten sich jedoch »Trigger's Road Apples«: Das Sortiment, bestehend aus zwei Medaillons, einem Aschenbecher und einer Cowboykrawatte, hergestellt aus Triggers Pferdeäpfeln, kann immer noch im Auktionshaus »Christie's« ersteigert werden.

Eingefangen in Bildern

Du bist immer noch schön.

Wenn wir zusammen durch den Wald streifen, rufen uns die Spaziergänger »Black Beauty« oder »Schönes Tier« hinterher und sie meinen damit nicht mich.

Es ist alles so wie früher.

Dein rabenschwarzes Haupthaar glänzt in der Sonne, und du streckst deinen Kopf der Freiheit entgegen, wie damals.

Du lauschst meinen Bewegungen, und du trägst mich sicher nach Hause, so wie ich mich immer auf dich verlassen konnte.

Erneut bietet dein sanftes Wesen meiner rastlosen Seele einen sicheren Hafen.

Deine Augen nehmen wach und voller Neugier die Welt um dich herum wahr, sie sind noch nicht müde von all dem, was sie von der Welt gesehen haben.

Du könntest wieder auf Entdeckungsreise gehen. Wieder und immer wieder.

Nur tragen deine Beine dich nicht mehr so zuverlässig wie damals.

Es gibt Tage, da wollen sie dir nicht gehorchen und machen jeden deiner Schritte zur Qual.

An diesen Tagen wird mein Herz ganz schwer, und dein Blick bohrt einen Schmerz in mich hinein, der nur schwer auszuhalten ist.

»Tu was!«, scheinst du zu sagen. »Du hast mir doch immer geholfen.« Und du hast Recht, ich konnte dir bis jetzt immer helfen.

Du weißt nicht, wie sehr ich diesen Tag fürchte, an dem ich dir nicht mehr helfen kann.

Der Tag, an dem ich an deiner Seite knie, und wir für immer getrennte Wege gehen müssen.

Ich hoffe so sehr, ich habe die Weisheit, zu erkennen, wann dieser Tag gekommen ist.

Und dass ich den Mut habe, dich bis zur allerletzten Sekunde zu begleiten.

Doch am meisten hoffe ich, dass ich dir deine Entscheidung aus den Augen ablesen kann.

Das bin ich dir schuldig.

Du bist immer noch schön.

Auf den Bildern spitzt du die Ohren und gehst dynamisch auf die Welt zu.

Langsamer als vor zwanzig Jahren.

Bedachter.

Und mir fällt auf, dass deine Rundungen eckiger geworden sind.

Ich sehe deine grauen Haare, die vereinzelt aus dem Schwarz herausblitzen.

Du hast ein paar kahle Stellen, die außer mir niemand sieht.

Du hast weniger Muskeln.

Deine Brust ist viel schmaler.

Du wirkst fast zerbrechlich.

Wir sind alt geworden.

So schleichend.

Und hätte ich nicht die Bilder von dir, wäre es mir nur an deinem Gang aufgefallen.

Aber hier steht es schwarz auf weiß, eingefangen in Bildern.

Ein Freund für's Leben.

Quiz: Sind Sie ein Pferdekenner?

1. Ein Wallach ist ...

a) eine Pferdesorte.
b) ein männliches Pferd ohne Eier.
c) doof.

2. Das australische Backenhalfter ...

a) ist weitgehend auf den Rennsport beschränkt.
b) gibt es nicht.
c) ist so groß wie eine Pferdepobacke.

3. Beim fliegenden Wechsel ...

a) springt die Reiterin von einem Pferd zum anderen im vollen Galopp.
b) wechselt der Reiter fliegend vom Pferd auf den Boden.
c) wechselt das Pferd vom Linksgalopp in den Rechtsgalopp oder umgekehrt.

4. Eine Kastanie ...

a) ist ein weißes Abzeichen am Kopf des Pferdes in Form einer Kastanie.
b) schmeckt Pferden besonders gut.
c) befindet sich als verknöcherter Auswuchs an jedem Pferdebein.

5. Die Bande …

a) treibt gerne Schabernack.
b) ist die Bezeichnung für eine Pferdefamilie.
c) befindet sich um den Reitplatz.

6. Das Cavaletti …

a) ist eine Stange mit Kreuzen an den Enden.
b) schmeckt lecker.
c) wird gerne bei Dressurprüfungen getragen.

7. Eine Stute ist durchlässig, wenn …

a) sie willig den Hengst heranlässt.
b) sie positiv auf die Hilfen des Reiters reagiert.
c) sie anderen Pferden Fehlverhalten durchgehen lässt.

8. Die Knieaktion …

a) ist ein Tritt mit dem Knie.
b) wird besonders gut bewertet, wenn sie hoch ist.
c) ist ein Zirkustrick, bei dem sich das Pferd hinkniet.

Auflösung auf der nächsten Seite

Addieren Sie Ihre Punkte:

b drei Punkte, c zwei Punkte, a ein Punkt
a drei Punkte, c zwei Punkte, b ein Punkt
c drei Punkte, b zwei Punkte, a ein Punkt
c drei Punkte, a zwei Punkte, b ein Punkt
c drei Punkte, a zwei Punkte, b ein Punkt
a drei Punkte, b zwei Punkte, c ein Punkt
b drei Punkte, c zwei Punkte, a ein Punkt
b drei Punkte, c zwei Punkte, a ein Punkt

24-20 PUNKTE: Herzlichen Glückwunsch, Sie sind ein echter Besserwisser auf dem Pferdegebiet. Sie wissen alles, von Pferdefütterung über Bodenarbeitstraining bis zum Gesundheitsmanagement der Vierbeiner und sind immer dann zur Stelle, wenn jemand um Rat fragt. Auch dann, wenn man nicht um Rat gefragt wird, aber Sie sind halt nicht geizig, was die Verbreitung Ihres immensen Wissens angeht.

10-19 PUNKTE: Weiter so! Sie haben zwar wenig Ahnung von Pferden, aber immerhin stehen Sie nicht ganz doof da, wenn wie so oft das Thema »Pferde« am Stammtisch angeschlagen wird. Sie können einige Diskussionsglanzpunkte setzen, sollten aber fleißig weiterlernen, um in die Elite der Pferdekenner aufzusteigen.

UNTER 10 PUNKTEN: Oh Mann, das darf doch wohl nicht wahr sein! Sie besitzen noch nicht einmal das kleinste Fünkchen Pferdeverstand, um die einfachsten Fragen zu beantworten, die jeder Absolvent des Bremer Abiturs beantwortet hätte können. Und jetzt frage ich Sie nicht, welches Tempus das ist, denn bei Ihnen ist sowieso Hopf und Malz verloren!

Pferdeglossar

ANREITEN: Angrillen bezeichnet das erste Grillen des Jahres. So ist auch das Anreiten der Anfang der Karriere eines Reitpferdes. Pferde sollten nicht angeritten werden, also nicht mit dem Gewicht des Reiters konfrontiert werden, bevor sie ausgewachsen sind. Rennpferde werden schon mit zwei Jahren oder auch früher angeritten, da nur die richtig schön knackigen jungen Hüpfer Rennen gewinnen können. So wie überall im Sport, wo Menschen ab 30 oft schon als zu alt für den Profibereich gelten. Das frühe Anreiten hat natürlich Nachteile für das Pferd, die von körperlichen Schäden bis hin zur frühen Sterblichkeit reichen können.

Normalerweise werden Pferde mit drei Jahren angeritten, bei Islandpferden lässt man sich mit vier oder fünf Jahren besonders viel Zeit.

ÄPFELUNG: Das Fell eines Pferdes weist eine Äpfelung auf, wenn sich auf der Grundfarbe weiße, nahezu runde Kreise befinden. Dieser Begriff ist nicht mit dem Abäppeln zu verwechseln (siehe Stallboy).

DUAL-AKTIVIERUNG: Hierbei handelt es sich um einen rechtlich geschützten Begriff, erfunden von Michale Geitner. Bei der Dual-Aktivierung geht ein Pferd durch eine Gasse, bestehend aus einer gelben und einer blauen Schaumstoffstange (auch Dualgasse genannt), und aktiviert dabei sein Gehirn, sodass es konzentrationsfähiger wird. Das klingt nach einer guten Investition für Deutschlands Schulen!

EINSTELLER: Ein Einsteller ist jemand, der etwas einstellt. Und nein, er stellt weder das Trinken noch das Rauchen ein, er stellt ein Pferd in einen Stall. Somit ist er der Besitzer und auch meistens Eigentümer (für mehr Informationen über diese Begriffe konsultieren Sie bitte das Bürgerliche Gesetzbuch) und gehört einer Stallgemeinschaft an. Was mit dem Eintritt in eine Sekte vergleichbar ist.

Gangart: Eine härtere Gangart einlegen ist eine Metapher, die umschreibt, dass man jetzt nicht mehr auf Kuschelkurs ist, sondern richtig aggro wird. Ein normales Pferd hat drei Gangarten. Schritt (langsam), Trab (mittelschnell) und Galopp (hier geht's ab). Der Galopp hat etwas Heroisches im Verständnis des Pferdelaien: Wer sich im rasanten Galopp auf einem Pferd halten kann, der ist schon ziemlich hart im Nehmen. In Wirklichkeit ist es viel schwerer, sich ansehnlich im Trab auf einem Pferd zu halten, da die Trittfolge der Pferdebeine viel irritierender ist und es den Reiter hin- und herrüttelt. Gangpferde sind Pferde, die noch zusätzliche Gangarten beherrschen.

Guckigkeit: Ein Pferd, welchem Guckigkeit nachgesagt wird, guckt viel. Es guckt sich seine Umgebung ganz genau an, leider wittert es auch hinter jedem Strauch eine potentielle Gefahr. Das kann äußerst nervig und unangenehm für den Reiter sein, da alle Gefahren Pferde dazu anregen, zu scheuen und wegzurennen.

Hilfen: In einigen Situationen braucht man einfach Hilfe, weil man von alleine nicht weiterkommt. Wenn man mehr als eine Hilfe bekommt, kann das nur positiv sein.

In der Pferdewelt gibt der Reiter dem Pferd Hilfen, womit verschiedene Zeichen gemeint sind, damit das Pferd weiß, was der Reiter von ihm will. Es ist eine Art Sprache ohne Worte, ähnlich der Gebärdensprache. Die Hilfen sehen gerade bei Reitanfängern manchmal aus wie ein wildes Rumgefuchtel,

Ziel ist jedoch, dass sie für den Betrachter fast unsichtbar sind. Der Reiter kann die Zeichen mit seinem Körpergewicht und dessen Verlagerung, mit den Zügeln und somit durch Druck auf das Pferdemaul und mit seinen Schenkeln, also durch Druck auf den Pferdebauch geben.

HINTERHANDWENDUNG: Hierbei drehen sich die Hinterbeine des Pferdes in einem Halbkreis, wobei die Hinterhand einen kleinen Kreis dreht und die Vorderhand einen großen.

HUFSCHLAGFIGUREN: Ein Begriff aus der Dressurreiterei. Ähnlich wie beim Eiskunstlauf gibt es verschiedene Figuren, die bei einer Dressurprüfung ausgeführt werden können. Der Hufschlag ist der äußere Rand eines Dressurvierecks, mit zwei kurzen und zwei langen Geraden. Um den Hufschlag gibt es häufig Ärger in Reitställen. Denn dieser ist der meist betretene Trampelpfad eines Platzes oder einer Halle, da die Reiterin keine komplizierten Figuren reiten muss, wenn ihr Pferd auf dem Hufschlag geht, und sie so weniger denken muss. Demzufolge bildet sich hier oft eine tiefe Furche, die durch Harken wieder geebnet werden muss. Diesen Vorgang nennt man »Hufschlag machen«. Dafür sind die meisten Reiterinnen allerdings zu faul, und so ist es üblich, dass man sich über den nicht gemachten Hufschlag der Vorreiterin aufregt.

Werden allerdings Hufschlagfiguren geritten, so muss das Pferd den Trampelpfad verlassen und Drehungen, Wendungen, gerade oder geschwungene Linien laufen. Häufige Hufschlagfiguren sind »aus der Ecke kehrt« (nach der Ecke dreht man um und reitet in die andere Richtung) oder »durch die ganze Bahn wechseln« (man reitet einmal quer über den Platz und wechselt dabei die Hand.) »Die Hand wechseln« heißt, dass man anstatt links herum rechts herum reitet. Oder andersrum.

Kleben: Ein Begriff, der mir erst neulich wieder in den Sinn kam, als der ältere Mercedesfahrer ohne den nötigen Sicherheitsabstand eine lange Zeit hinter mir herfuhr. Pferde kleben, wenn sie anderen Pferden hinterherlaufen, was für Pferde auch Sinn macht, da sie Herdentiere sind und nun mal den ranghöheren Tieren hinterherlaufen. Sind sie unter dem Reiter, sollen sie natürlich nur auf diesen achten, weswegen das Kleben nicht sehr gerne gesehen wird. Ob der Mercedesfahrer klebte, weil er in mir das ranghöhere Tier gesehen hat, bleibt unbeantwortet.

Longe: Eine Longe ist eine lange Schnur, an deren einem Ende das Pferd befestigt ist und am anderen Ende der Mensch. Der Mensch steht bei der Verwendung einer Longe auf einem Fleck und dreht sich im Kreis, das Pferd rennt um den Menschen in einem größeren Kreis herum. Das nennt man dann longieren. Turnt nun ein anderer Mensch oder mehrere Menschen auf dem Pferd herum, so nennt man das Ganze Voltigieren.

Matratze: Die Auswahl der richtigen Matratze ist die Grundvoraussetzung für einen gesunden Schlaf. So auch bei Pferden. Es gibt Befürworter und Gegner der Matratze. Einige Pferdebesitzer schwören darauf, dass platter, festgewachsener Mist unter der Strohschicht Wärme spendet und das Wohlfühlklima im Pferdeschlafzimmer erhöht. Andere wiederum verzichten aus hygienischen Gründen auf die Matratze.

M-Pony: Klar, kennt man. Medium-sized Pony. Und mit XXL-Ostfriese ist ein sehr großes Pony aus dem Zuchtgebiet Ostfriesland gemeint. Nicht ganz. Ponys sind Pferde bis 148 cm Stockmaß. K-Ponys, also kleine Ponys, dürfen bis 127 cm Stockmaß haben, M-Ponys, unsere mittleren Ponys, haben ein Stockmaß von 128 bis 137 cm, und G-Ponys, große Ponys, haben eine Größe von 138 bis 148 cm (149 cm mit Eisen).

Endlich, Pferd mit 2 PS erfunden.

Maßgeblich ist immer die Angabe in den Papieren. Alles, was größer ist als ein großes Pony, ist ein Pferd.

Papiere: Nicht nur Menschen müssen sich ausweisen, auch ein Pferd muss eindeutig identifiziert werden können. Der Ausweis des Pferdes ist um einiges größer als der Menschenpass, nämlich DIN-A5. Er heißt Pferdepass und besteht aus der Geburtsbescheinigung und einer Liste sämtlicher Impfungen des Pferdes. Die Informationen werden in Deutsch, Englisch und Französisch gehalten. So ein Pferdepass dient nicht als Nachweis des Eigentums über das Pferd, dafür gibt es ein gesondertes Dokument, allerdings lassen sich sehr viele Informationen über das Pferd aus ihm herauslesen. Es bekommt eine Lebensnummer zugeteilt, das Zuchtgebiet und das Brandzeichen werden beschrieben sowie jegliche Abzeichen, also andersfarbige Stellen im Fell. Auch kann ich anhand des Pferdepasses meines Pferdes vier Generationen seiner Vorfahren ablesen. So weiß ich, dass die Mutter der Mutter ihrer Mutters Vater Ankertulpe hieß und aus dem Zuchtgebiet Hannover stammte. Weitere Vorfahren meines Pferdes hießen Matrose, Adelinde, Durk, Tina, Kasper, Ferdinand und Bucephalos. Ob Bucephalos wohl ein Nachkomme des antiken Streitrosses Alexander des Großen ist? Egal, auf jeden Fall weiß ich mehr über die Herkunft meines Pferdes als über die meiner eigenen Vorfahren.

Pferdewirt: Ein Pferdewirt schenkt Pferden in der Pferdewirtschaft wohltuende Getränke aus. Das ist natürlich völliger Quatsch. Denn Pferde trinken keinen Alkohol. Jedenfalls nicht in den Mengen, in denen Menschen Alkohol trinken. Das Tränken von Pferden erfordert also keine besondere Ausbildung. Ganz anders sieht es da im Bereich der Fütterung aus. Denn jedes Pferd ist anders, wie Menschen sind einige von ihnen »leichtfuttrig«, sie kommen also mit wenig Futter aus und neigen zu Übergewicht, oder sie sind »schwerfuttrig« und können Unmengen von Futter verschlingen und nehmen immer noch nicht zu. Stuten, die »tragend« sind, also ein Fohlen in sich tragen, brauchen andere Futterzusammensetzungen als Sportpferde, alte Pferde oder Pferde, die den ganzen Tag nichts tun außer rumzudösen. Deswegen gibt es im Futtermittelbereich einige Spezialberufe wie die Futtermittelherstellung, die Ernährungsberatung oder den sportphysiologischen Dienst.

Pferdewirte müssen sich mit der Fütterung von Pferden auskennen. Sie absolvieren eine dreijährige Ausbildung mit dem Schwerpunkt Rennreiten, Trabrennfahren, Reiten oder Zucht und Haltung und arbeiten dann sozusagen als Leibeigene in einem pferdewirtschaftlichen Betrieb. Dabei wird natürlich nicht nur geritten, sondern auch gepflegt, gemistet und gefüttert. Die Arbeitstage fangen früh morgens an und enden spät abends.

PARADE: gibt es in halb und in ganz. Bei einer halben Parade wird durch komplizierte Hilfengebung das Pferd in die nächstniedrigere Gangart gebracht, bei einer ganzen Parade zum Stehen.

ROLLKUR: Eine Rollkur ist leider kein angenehmes Unterfangen für ein Pferd, obwohl das Wort den Begriff der Kur enthält. Nein, sie ist kein Wellnessaufenthalt, so eine Rollkur, sondern eine fragwürdige Trainingsmethode, bei der der Kopf des Pferdes während des Reitens so weit nach unten gezogen wird, dass der Hals des Tieres sich einrollt. So wird das Pferd gefügig gemacht und kann sich dem Reiter und dessen Hilfen nicht mehr entziehen. Das Tier hat Probleme, das Gleichgewicht zu halten, und sein Sichtfeld ist stark eingeschränkt. Purer Stress für das Fluchttier Pferd!

SCHLEIFEN: Schleifen werden dem Pferd bei einer Platzierung in einem Turnier an die Trense geheftet. Sie bestehen aus einem runden Kreis und zwei Bändern und haben verschiedene Farben. Eine gelbe Schleife gibt es für den ersten Platz (soll Gold darstellen), eine graue Schleife für den zweiten Platz (Silber) und eine weiße Schleife für den dritten Platz. »Schleifen sammeln« sagt man, wenn man ausdrücken will, dass jemand häufig an Reitturnieren teilnimmt.

SHETTY: Die gängige Abkürzung für Shetland-Pony. Diese zähen kleinen Ponys kommen ursprünglich von der schottischen Shetland-Insel, wo sie karge Lebensbedingungen vorfanden, an die sie sich hervorragend anpassten. Als Kinderarbeit verboten wurde, mussten die Briten erfinderisch werden, und so schickten sie die kleinen Pferdchen in die Gruben, um dort zu arbeiten. In den 30er-Jahren herrschte diese Art von Ponyarbeit weit verbreitet vor. Heutzutage werden durch die recht sturen und eigenständigen Ponys Kinder bespaßt, oder sie werden vor Kutschen gespannt oder treten im Zirkus auf. Immer noch sind die Tiere total robust, sodass 40-jährige Shetties keine Seltenheit sind.

SPERRRIEMEN: Ein Wort mit vielen R. Man kann sich denken, dass es ein Riemen ist, der etwas sperrt. Versperrt, zusperrt oder aufsperrt. Der Riemen ist ein Teil der Trense und soll das Pferdemaul zusperren, damit es nicht andauernd auf- und zugeht. So soll verhindert werden, dass das Pferd sich den Hilfen entzieht, was nichts anderes heißt, als dass das Pferd versucht, dem Geziehe und Gezerre des Reiters in seinem Maul zu entkommen. Catweasel, ein Schulpferd des Reitvereins Krummhörn, auf dem ich reiten gelernt habe, hatte keinen Sperrriemen und klappte seine Unterlippe während des Unterrichts ständig auf und zu, wahrscheinlich aus Langeweile. Mein Vater nannte sie immer Klappmaulpferd.

STALLBOY: Der Gräfin stockte der Atem. Oft hatte sie davon geträumt, aber niemals gewagt, ihrer Träumerei auch nur einen Hauch Realität beizumessen. Doch jetzt stand er da, sein Oberkörper glitzernd vom Schweiß der Stallarbeit, die muskulösen Oberarme wohlgeformt von ebenjener und sein Haupthaar zerzaust von der wilden Schufterei. »Komm, ich befreie deine güldenen Locken von dem Stroh!«, neckte sie ihn, und dann schloss er sie in seine starken Arme, sein männlicher Geruch in ihrer Nase.

So könnte sie Gestalt annehmen, die Geschichte vom Stallboy.

Doch nun wenden wir uns der Realität zu. Ein Stallboy besteht aus zwei Teilen, zum einen aus einem schaufelähnlichen Plastikteil und zum anderen aus einer kleinen Forke am Stiel. Mithilfe des Stallboys werden die Hinterlassenschaften der Pferde, im Volksmund auch Pferdeäpfel genannt, entsorgt. Der besagte Apfel wird mit der Forke auf die Schaufel geschoben und dann in die Schubkarre befördert. Oft werden so Pferdeweiden von Kot befreit, aber auch im Stall wird der Stallboy gerne benutzt, wenn ein dreistes Pferd einfach auf die Stallgasse gekackt hat. Im Reitervolksmund wird der Stallboy auch »Abäppler« genannt und der Vorgang des Pferdeäpfelwegmachens »Abäppeln«. Meist ist das schaufelähnliche Plastikteil schwarz, für den modebewussten Pferdefreund werden jedoch auch Gerätschaften in hellblau, pink oder mit neckischer Musterung angeboten.

STÄNDER: Ih-pfui. Sowas in einem Pferdebuch! Spricht jemand aus der Pferdewelt von einem Ständer, so meint derjenige wahrscheinlich nicht das erigierte Gerät eines Hengstes, sondern eine archaische Haltungsform von Pferden, die es verdient, Ablehnung zu erfahren. Denn hierbei werden Pferde in einem Stall nebeneinander angebunden, sodass sie den ganzen Tag lang kaum Bewegungsspielraum haben. Sie können sich hinlegen, aber mehr nicht. Für ein bewegungsfreudiges Tier wie ein Pferd ist das nicht gerade vergnüglich. Die Anbindehaltung ist mittlerweile in fast allen deutschen Bundesländern nach Landesrecht verboten. Früher gab es immer mal wieder Einrichtungen, die diese Art der Pferdehaltung praktiziert haben. Zum Beispiel mein alter Reitstall oder der Ponyhof, auf dem ich gearbeitet habe, oder ein Gestüt in Ungarn, das ich im Urlaub mit meinen Eltern besucht habe. Heute stehen Pferde meist in Boxen, Offenställen oder Aktivställen (siehe »Home sweet home«).

STOCKMASS: Mit dem Stockmaß wird die Größe eines Pferdes bezeichnet. Damit ist aber nicht die Länge eines Stocks gemeint. Das wäre ja auch total verwirrend, denn Stöcker können sehr verschieden lang sein. Nun gut, solche Argumente halten die Engländer auch nicht davon ab, ihre Größen in Fuß zu messen. Bei einem Pferd ist jedoch die Höhe des Widerrists in Zentimetern gemeint. Was soll das nun schon wieder sein? Der Widerrist ist der Hubbel zwischen dem Pferdehals und dem Pferderücken, und er kann groß oder klein, hoch oder niedrig, breit oder schmal sein, und Sättel müssen an sie angepasst werden. Das kann manchmal zu erheblichen Problemen führen.

STRAHL: Ein Pferd erzeugt einen Strahl, wenn es seinen sehr ammoniakhaltigen Urin absondert. Aber Obacht: Auch das Innere des Hufes, das recht empfindlich und in V-Form angeordnet ist, wird Strahl genannt. Jeder Anfänger wird beim Hufeauskratzen angewiesen, nicht mit dem Metallhaken des Hufauskratzers auf den Strahl zu drücken.

STUTENBISSIGKEIT: Frauen wird oft nachgesagt, sie würden im Kampf um die Fortpflanzung entweder die einfache Strategie anwenden, bei der sie sich von ihrer attraktiven Seite zeigen, oder sie würden einen kleinen Umweg gehen und ungeliebte Konkurrentinnen durch Lästereien diskreditieren. Dieser Weg ist erstrebenswerter, da ihm ein gewisser Spaßfaktor innewohnt. Auch Stuten kämpfen um ihre Stellung in der Herde, und weil ihre schlagkräftigste Waffe ihr Gebiss ist, entstand der Begriff der Stutenbissigkeit.

SCHEREN: Bekommt das Pferd sein Winterfell, welches naturgemäß viel länger und wärmedämmender ist als das Sommerfell, dann kommt die Reiterin daher und säbelt es wieder ab. Das Fell des Tieres wird nicht wie die Wolle eines Schafes verwendet, sondern es geht einzig und allein darum, dass ein im Winter nach der schweißtreibenden Arbeit nassgeschwitztes Pferd schneller wieder trocknet. Oder darum, dass das Pferd lustige Muster im Fell hat, so wie es eine Zeitlang schick war, sich einen Undercut zur rasieren, sich Muster in die kurze Männerfrisur zu schneiden oder Teile der Augenbraue abzuraspeln.

VERLESEN: Das Verlesen ist eine äußerst zeitaufwendige Angelegenheit, bei der der Pferdefreund jedes einzelne Härchen des Schweifes seines Tieres einzeln auseinanderpflückt. Dabei muss der Pferdepfleger besonders vorsichtig sein, denn das lange Haupthaar benötigt einige Zeit, um nachzuwachsen: bei einem Hauspferd etwa 13 Tage für einen Zentimeter. So hat das Wachstum des Schweifes der Rekordhalterin für Schweiflänge, der Paintstute JJS Summer Breeze aus Kansas, USA, mit 3,81 Metern 4.953 Tage gedauert, also 13,5 Jahre. Bei dieser Schweiflänge dauert das Schweifverlesen über zwei Stunden, auch muss der Schweif in einem Strumpf zusammengepackt werden, damit die Stute sich nicht darin verheddert. Ein Schweif, der ca. zehn Zentimeter vorm Boden aufhört, wird deswegen als sehr viel praktischer angesehen und ist auch schön anzusehen, im Gegenteil zu einem dünnen oder sehr kurzen Schweif.

Quellenangaben:

Die neue Reitlehre, HG Emma Callery, 1995, Bern
Traumberufe rund ums Pferd, Ria Fehlau, 1993, Stuttgart
Mein Pferd soll nicht allein sein!, Christiane Gohl, 1996, Stuttgart
Pferderassen, Elwyn Hartley Edwards, 1995, München
Horsewatching – die Körpersprache des Pferdes, Desmond Morris, 1989, München
Mein Pferd wird alt, Uta Over, 1996, Cham
Bodenarbeit mit Pferden, Sigrid Schöpe, 2010, Stuttgart
Der Weg in die Freiheit – Persönlichkeitstraining mit Pferden, Susanne E. Schwaiger, 2013, Stuttgart

www.amha.org
www.aktivstall.de/
www.colorfulmanesandtails.com
www.customtails.comwww.rimondo.com
www.erste-pferdeklappe.de/
www.extrememustangmakeover.com/adopt/
www.horsehoofies.com
www.klassisch-barock-trainer.de
www.merkur.de/lokales/regionen/pferdeschamane-anhaenger-ruiniert-252592.html
www.ndr.de/nachrichten/schleswig-holstein/Pferdesteuer-Tangstedt-vertagt-die-Entscheidung,pferdesteuer120.html
www.n-tv.de/panorama/Ausgestopftes-Pferd-versteigert-article1068096.html
www.paulwatzlawick.de/axiome.html
www.pferd-aktuell.de
www.rp-online.de/sport/andere/danedream-schnaeppchen-fuer-9000-euro-aid-1.2617920
www.spreadshirt.de
www.srs.at
www.totilas.de
www.walkaloosaregistry.com/
www1.wdr.de/stichtag/stichtag5160.html

Foto: Viola Bauer

WIEBKE SAATHOFF ist seit ihrer Geburt bekennende Anhängerin des gemeinen *Equus caballus* und stolze Pferdebesitzerin seit 28 Jahren. Mit 13 Jahren kauften ihre Eltern ihr ihren Lebensabschnittsgefährten Bruno, zu Beginn ihrer Ausbildung zur Kauffrau für Bürokommunikation nahm sie ihre Friesen/Oldenburger Stute Fjala auf.

Neben dem großen Hobby Pferdepflege findet sie zeitweise Zeit zum Schreiben und ist Gründerin der Bremer Lesebühne »The HuH – die Lesebühne mit Hack und Herz«, auf der zwar schon Hackbrötchen verköstigt, allerdings nie Pferdehackfleisch aufgetischt wurde. Mittlerweile findet die Lesebühne in einer vegan geführten Kneipe statt, sodass Hack ohnehin vom Tisch ist. Ihr Debütroman »Jonny Guitar« erschien 2015 in Bremen. Das vorliegende Werk ist ihr erstes Buch, welches sich dem Thema Pferde widmet. Wahrscheinlich nicht das letzte. www.facebook.com/stallfluesterer und wiebkesaathoff.jimdo.com

RAINER SCHMIDT blickt auf annähernd 30 Ausstellungen in Bremen und Umgebung zurück, wobei er speziell durch seine Ölportraits bekannter Zeitgenossen das Bremer Publikum inspirierte. Vor allem Musiker und Schauspieler wecken sein Interesse, allerdings schaut er auch gerne mal kritisch über den Tellerrand. Pferde gehören zwar nicht zu seinen vordergründigen Interessen, jedoch entstand durch die Illustration dieses Buches ein inniges Verhältnis zu den sanften Vierbeinern. Näheres über den Künstler und seine Aktivitäten erfährt man auf www.rainerschmidt.de.to

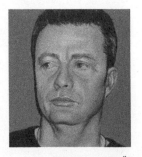

Selbstportrait in Öl

Axel Klingenberg
Die Wahrheit über Niedersachsen

In diesem Buch erfahren Sie, warum es Niedersachsen eigentlich gar nicht gibt beziehungsweise warum man vor einigen Jahrzehnten auf die Idee kam, Ostfriesland, Oldenburg, Schaumburg-Lippe, Hannover und Braunschweig in einem Bundesland zusammenzufassen – und was das Ganze mit der Schlacht im Teutoburger Wald und einem Massenmord in Verden zu tun hat. Axel Klingenberg besucht in Varel die kleinste Kneipe der Welt, singt das Matjeslied in Sande, erklimmt den Baumwipfelpfad in Bad Harzburg, verirrt sich in der Lüneburger Heide, begibt sich auf ein Himmelfahrtskommando in Nordenham, nimmt an einem konspirativen Treffen zwischen Fans von Hannover 96 und Eintracht Braunschweig teil und erkundet schließlich die blutigen Spuren Fritz Haarmanns. Am Ende wagt er sogar einen riskanten Selbstversuch und testet die niedersächsische Küche.

Axel Klingenberg: Die Wahrheit über Niedersachsen
Broschur, 160 Seiten
ISBN 978-3-945715-16-1 (Print), 978-3-945715-48-2 (Ebook)

www.verlag-reiffer.de

Francis Kirps
Die Klasse von 77
Ein Punkrock-Roman

Wir schreiben das Jahr 1977. In einem verschlafenen Nest irgendwo in der Provinz geht das Leben seinen gewohnten, langweiligen Gang. Das ändert sich, als das erste Album der Ramones den Weg ins Kinderzimmer unseres neunjährigen Helden findet.

Diese Geschichte führt uns zurück in die Zeit, als er noch in den Kinderschuhen steckte, und das im wahrsten Sinn des Wortes. Man stelle sich Tom Sawyer und Huckleberry Finn als Dorfpunks vor. Francis Kirps´ »Die Klasse von 77« ist eine schillernde Pop-Satire, ein Coming-of-Age-Roman der etwas anderen Art, urkomisch, laut und schnell. Wie Punkrock eben.

»Ein Rausch voller kauziger Figuren und gelungener Späße« *telecran*

»Kirps macht uns zu Zeitreisenden in eine Welt der Unschuld« *tageblatt*

Francis Kirps: Die Klasse von 77
Klappenbroschur, 290 Seiten
ISBN 978-3-945715-77-2 (Print), 978-3-945715-49-9 (Ebook)

www.verlag-reiffer.de